KB150888

EARTH TECH

어스테크, 지구가 허락할 때까지

일러두기 ────────────────────────────────────

1. 이 책은 저자가 직접 각 기업 CEO들을 만나 인터뷰한 내용을 토대로 만들어졌습니다.
2. 본문의 주석은 내용 이해를 돕기 위한 저자주로, 숫자로 표시하고 본문 하단에 달았습니다.
3. 인명이나 지명은 국립국어원의 표기법을 따랐습니다. 일부 굳어진 명칭은 일반적으로 사용하는
   명칭을 사용했습니다.

EARTH TECH

어스테크,
지구가
허락할 때까지

지속 생존을 위한
비즈니스 액티비스트 선언

이병한 지음

Contents

1장 · 테크놀로지 테이스트
미생물, 인류를 보존할 히든카드

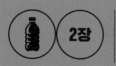

2장 · 플랜트 오션 프로젝트
해조류 부산물의 새로운 탄생

3장 에너지 로컬 파이낸스
미래 에너지를 위한 시그널

4장 K-애그리테크 프런티어
AGRI-TECH FOR YOU

의식의 진화,
시장의 성화,
지구의 정화.

어쩌다 이런 책을 쓰게 되었을까.

이른 새벽 머리말을 쓰려고 자리에 앉아 새삼 자문해 보게 된다. 어느새 여덟 번째 책이다. 그간 한국, 북조선, 동아시아, 아시아, 유라시아에 대한 여러 책을 써 왔다. 영역은 갈수록 커졌지만, 인문사회과학의 범위를 크게 벗어나지는 않았다. 퉁 쳐서 '문명사'라고 말할 수 있겠다. 그런데 이번에는 제법 엉뚱하다고도 할 수 있다. 더는 과거를 탐사하지 않는다. 미래를 천착한다. 미래 첨단을 달리고 있는 기업인들을 인터뷰하고 내 생각을 보탠 첫 책이다. '미래사'에 진입하고 개입한다.

하더라도 딱히 경제경영서라고 잘라 말하기도 힘들다. 근간이 공학자와 과학자인 분들이다. 테크놀로지에 기초한 스타트업 CEO들을 찾아다녔다. 그러다 문득 떠오른 개념이 어스테크^{Earth}

Tech, '지구를 살리는 기술'이다. 기왕의 생태운동, 환경운동과는 일선을 긋는 '비즈니스 액티비스트'를 발굴하러 발품하고 나선 것이다.

곰곰 뿌리를 거슬러 오르다 보니 꼬박 30년 전, 1991년에 가닿는다. 이 땅에 〈녹색평론〉이 첫선을 보인 해다. 물론 그 존재를 알게 된 것은 대학생이 되고 난 이후였다. 1998년, 세기말에 처음 녹평을 접했다. 종종 독자 모임에도 나갈 만큼 애정이 깊었던 잡지다. 농반, 진반으로 "좌녹평, 우창비"라고도 했다. 〈창작과비평〉을 통하여 현실주의를 익히고, 〈녹색평론〉을 통하여 이상주의를 키웠다는 뜻이다. 나의 20대에 가장 큰 영향을 준 양대 잡지였다고 하겠다. '양 진영을 어떻게 통합할 수 있을까' 또한 20대에 싹을 틔워서 지금껏 이어지는 인생·일생의 과업이자 평생의 화두가 된 것 같다. 분단체제 너머 녹색 한반도를 염원한다. 냉전체제 넘어 동북아의 생명평화를 희구한다.

그런데 언젠가부터 이런 문장을 쓰고 마침표를 찍고 나면 몹시도 허망하고 허탈해지곤 했다. 염원하고 희구하되, 내가 실제로 할 수 있는 일이 별로 없다고 느꼈기 때문이다. 겨우 말하고 글 쓰는 것이 전부다. 물론 발언할 수 있다는 것이 얼마나 큰 권력인지 누구보다 잘 알고 있다. 그러나 갈수록 만족도가 떨어졌다. 불만이 커져만 갔다. 기성의 체제를 비판하는 데는 말과 글만으로도 충분하다. 그러나 새 체제를 건설하는 데는 턱없이 모자라다.

현장으로의 하방이 뾰족한 대안으로도 보이지 않았다. 오가다 만나는 환경생태 쪽 분들은 (외람되게도) 고인 물처럼 정체되어 있다는 느낌을 지울 수 없었다. 존경하고 존중하되 따라 하고 따라가고 싶지는 않다. 자연으로 돌아가라, 그 무위자연의 이상향은 이미 존재하지 않기 때문이다. 1만 년 전 농업혁명 이래 인간이 만들어 낸 인위 자연, 인공 자연만이 있을 뿐이다. 그러함에도 '오래된 미래'라거나 '생명으로 돌아가기' 등 노스텔지어형 동어반복을 읊조리고만 있는 것이다. 무기물이 유기물이 되어 가고 있다. 기계가 생명이 되어 가고 있다. 공학은 갈수록 생물학에 근접해 간다. 아니 양자가 합류하여 '유기공업'이 번성하고, 신생물학이 등장한다. 태어난 것Beings과 만들어진 것Things 사이의 새로운 생태계Techno-Ecosystem가, 신 자연이 펼쳐지는 것이다. 돌아보면 애당초 최초의 생명이야말로 지구라는 혹성에 등장한 첫 번째 테크놀로지라고도할 수 있다. 그 마법과도 같은 생명술로 말미암아 지구는 우주에서 예외적인 행성이 된 것이다. ECO와 TECH는 물과 기름이 아니다. 에콜로지와 테크놀로지의 분단체제를 극복해 내고 싶었다. 갈증을 느꼈다. 갈애가 심해졌다.

그 갈망이 절정에 달한 해가 바로 2020년 작년일 것이다. 돌아보면 지독한 '코로나 블루'를 겪었던 한 해였다. 팬데믹이 확산하면서 해보고 싶었던 일들이, 계획했던 프로젝트들이 줄줄이 무산되었다. 엎친 데 덮친 격으로 작년 여름 불시에 '사상의 은사', 〈녹색평론〉의 김종철 선생님마저 돌아가셨다. 마음이 속절없이 무너져 내렸던 한 해였다. 어디로 가야 할까, 무엇을 해야 할까, 전망을 상실하고 울적하고 우울한 시간을 견디고 버텼다.

뜻밖으로 기나긴 슬럼프를 빠져나오는 데 큰 도움을 주신 분이 한윤정 선생님이다. 한국생태문명프로젝트의 디렉터를 맡고 계신다. 환경재단과 함께 마련한 4년 차 생태문명회의에 "전환을 위한 스타트업" 섹션을 기획해 보자고 청하셨다. 솔깃한 제안이었다. 한창 관심이 무르익던 차였다. 참신하고 진취적인 기업들을 찾아보기 시작했다. 시장과 자본과 기술과 접점을 만들어볼 수 있겠다 싶었다. 실로 마인드Mind, 마음만으로는 충분치 못하다. 마켓Market을 장착해야 마법Magic이 일어난다. 도道와 술術이 융복합하여 신세계의 창발이 일어나는 것이다. 생명을 아끼는 마음이 생명을 살리는 기술과 만나면서 펼쳐지게 될 시장의 마술을 미리 견문하며 짜릿한 흥분도 일었다.

취지문도 일사천리로 써내려 갔다. 돌아보노라면 작년 11월의 기획 취지문이 코로나 블루 1년여 만에 다시 쓰게 된 첫 문장이었던 것 같다. 그 글이 바로 이 책의 출발이자 씨앗이었다고 하겠다. 고로 그 취지문을 머리말로 대신해도 충분하다는 생각이 든다. "의식의 진화進化, 시장의 성화聖化, 지구의 정화淨化"라고 꼽아 두었던 핵심 아이디어가 죄다 맹아처럼 담겨 있기 때문이다. 2021년을 앞서 맞이하는 마중물 같은 글이다. 프리퀄을 공유한다.

인공 지구 Artificial Earth: 생태문명 2.0으로 가는 길

1. EARTH 4.0

올해로 4년 차를 맞이하는 한국생태문명회의에 참여하게 되어서 더없는 영광입니다. 공교롭게도 2020년 올해는 "지구의 날"(4.22) 50주년이 되는 해였습니다. 또 코로나 사태로 전 지구적인 생태적인 각성을 촉발한 원년으로 기억될 해이기도 합니다. 비대면 거리두기가 개인과 개인은 물론이요, 나라와 나라 사이에 전면적으로 시행되면서 각종 행사가 온라인 컨퍼런스로 대체되고 있습니다. 우리가 지구사의 새로운 단계로 진입해 있음을 실감하게 해주는 장면들입니다. 오프라인에서의 자연적 거리두기와 온라인에서의 인공적 거리 메우기가 동시에 진행되고 있는 것입니다. 미생물, 바이러스의 경고로 각성한 전 세계의 지구인들이 디지털 연결망을 통하여 공동의 지혜를 모으고 공통의 미래를 탐구하고 있는 2020년의 풍경이 흥미롭습니다. 생태문명의 미래를 전망하는 오늘 회의 또한 그 전 지구적 파노라마의 하나일 것입니다.

저는 현재의 지구가 과거의 지구와는 질적으로 달라졌다는 전환기적 감각을 가지고 있습니다. 인류가 지구의 4번째 단계에 진입해 있다고 생각합니다. EARTH 1.0은 빅뱅 이후 지구의 탄생까지를 말합니다. 그 우주의 물질적 진화의 끝에서 지구라는 행성에는 생명이라는 환상적 현상이 일어나게 됩니다. 지구의 두 번째 단계 EARTH 2.0입니다. 그 파란만장하면서도 찬란하기 그지없는 생명 진화의 대서사 속에서 불현듯 "생각하는 생명"도 탄생합니다. 호모 사피엔스, 인류의 등장입니다. 이 놀라운 생물체는 이성을 활용하고 지성을 발휘하여 EARTH 1.0과 2.0, 그리고 EARTH 3.0에 대한 지식을 체계적으로 수립해 내었습니다. 우주와 지구와 생명에 대한 자의식, 자기인식을 갖추게 된 것입니다.

그런데 더 놀라운 것은 이 인간들의 발명과 창조로 인공적인 사물들을 만들어 내더니, 기어이는 인공적인 생각도 작동시키게 되었다는 점입니다. 지금도 지구 밖 우주에는 수많은 인공위성이 지구 궤도를 돌고 있습니다. 지구 안에서는 사람과 사람을 연결시킨 인터넷 시대를 지나, 5G와 6G를 통하여, 사람과 사물과 사건이 실시간으로 연결되는 근미래가 펼쳐지고 있습니다. 인간만의 고유한 능력이라 간주되었던 인지와 판단 등 생각의 힘을 사물들에게도 부여하고, 그 만물의 연결망을 통하여 인간지능과 인공지능이 합류하는 '생각하는 지구'를 만들어가고 있는 것입니다. 100년 전 사물에 동력을 부여하여 '자동의 시대'를 열었다면, 앞으로 100년은 사물에 지력을 장착하여 '자율의 시대', '신 자연의 시대'를 개창하고 있는 것입니다. 새처럼 드론이 오고 가고, 바람처럼 차들이 왔다 가며, 나무처럼 집은 숨을 쉬고, 숲처럼 도시는 진화하게 됩니다.

고로 당장 자동차부터가 더 이상 기계로만 그치지 않습니다. 스스로 사고하고 판단하고 행동하게 됩니다. 도로 상태만이 아니라 기후 상태까지 지상과 천상을 아울러 사유하게 됩니다. 자율차뿐이겠습니까. 기차와 배, 비행기 등 모든 모빌리티 수단은 죄다 인공지능을 탑재하여 인간의 이성을 능가하는 역량을 발휘할 시기가 10년 안쪽으로 열립니다. 정착해서 살아가는 집부터 이동할 때 활용하는 교통수단까지 사람이 살아가는 시공간 전체가 인간과 실시간으로 전 지구적으로 피드백을 주고받는 신세기와 신세계가 곧 열리게 되는 것입니다. 일순부터 일생까지 천지인(天地人)은 숙명처럼 연결되고 결합하게 됩니다. 고로 이미 생명이 아닌 존재가 없다고 하겠습니다. 미물은 물론이요 철물과 폐물까지 알고리즘을 장착하여 나름의 '진화'를 수행하게 됩니다. 만인과 만물이 공진화하는 천지공사(天地公事)의 세계가 리얼하게 펼쳐지는 것입니다.

137억 년 전 빅뱅에 빗대어 '딥 뱅'(Deep Bang)이라고 불러 주어야 할지도 모르겠습니다. 온라인과 오프라인은 통합되고, 물질세계와 정신세계는 융합되면서, 인위와 무위의 경계는 흐릿해지고, 자연과 자유와 자동과 자각이 무한의 피드백을 거듭합니다. 즉 인간이 우주와 지구와 생명과 만물의 진화에 직접적으로 개입해 들어가는 '인공 지구(Artificial Earth)'

시대가 열린 것입니다. 따라서 현재 인류가 살아가는 생태계 또한 자연선택의 소산으로 빚어진 기왕의 지구환경에 인류의 의식적 선택으로 만들어진 인공 생태계가 합류하고 있다고 봄이 더 적절하다고 하겠습니다. 그리하여 저는 미래의 생태문명 구상 또한 인공 지구의 현실로부터 출발하지 않으면 안 된다는 감각을 벼리고 있습니다. 오랜 기간 "생태문명"이라 함은 산업혁명의 대척점에 놓여 있었습니다. 산업문명과 생태문명을 물과 기름으로 나눈 것입니다. 최대한 기술을 배제하고 자연과 인간의 합일만을 높게 쳐 왔습니다. 인간의 삶을 최대한 자연 쪽으로 밀착시키는 것이 유일한 대안처럼 강구해 왔습니다. 그간 한국생태문명회의 역시도 신학과 철학과 법학 등 인문학적 지향이 강조되는 반면으로 과학과 공학과 기술과는 어쩐지 멀찍했던 것입니다.

그러나 EARTH 3.0 이전으로 되돌아가는 복고적 담론과 회고적 실천만으로는 백척간두의 지구적 위기를 온전히 감당하기 힘들어 보입니다. 적어도 앞으로 30년, 더 많은 사람이 지구상에 태어날 것이고, 그 폭발하는 인구 대다수가 도시에서 살게 될 것이라는 점이 대다수 미래학자들이 동의하는 메가트렌드라고 하겠습니다. 그렇다면 미래형 생태문명 전략 또한 '오래된 미래'보다는 '깊은 미래'로의 대전환을 꾀하는 편이 실질적이라 하겠습니다. EARTH 4.0, "제4차 지구"라는 지구사적 단계를 직시하고, 제4차 산업혁명이라는 불가피한 인류사적 물결과 합류해 가는 미래형 생태문명을 상상하고 현실로 구현해 가야 하는 것입니다. 즉 생산과 소비와 유통을 망라하여 살림살이의 전반을 관장하는 산업과 기술의 대전환이 필수적입니다. 관념적인 말과 글이나 관성적인 운동 방식으로 원론과 당위론을 설파하며 설득하고 설복시키기보다는, 생명의 본질인 창발성과 생동하는 활기를 십분 활용하여 창의적인 기술개발과 창조적인 산업생태계 조성에도 관심을 기울여야 하는 것입니다. 생명이라는 가치를 화두로 삼아, 새로운 생각과 새로운 생활과 새로운 생산이 만나고 모이고 섞이는 생생 활활한 플랫폼이 필요합니다.

2. 생태문명 2.0

이웃 나라 중국에서 400조를 쏟아부어 만들고자 하는 슝안(雄安)신구는 말 그대로 유기체처럼 "살아 숨 쉬는" 지혜 도시로 디자인했습니다. 당헌에 '생태문명건설'을 삽입한 세계 최대의 정치집단인 중국공산당이 무위자연에 인위 자율을 결합하여 생태문명 2.0에 전력투구하고 있는 것입니다. 뿐만이 아닙니다. 2018년에는 세계 자본가들의 아성이라고 할 수 있는 다보스포럼에서도 "생물학적 세기Biological Century"를 선포했습니다. 생태와 생명이 도처에서 모두의 화두가 되는 것입니다. 중국공산당과 다보스포럼이 공히 미래형 생태문명을 탐색하는 판국에, 더 이상 산업문명 시대의 균열선, 자본가와 노동자, 진보와 보수, 좌파와 우파라는 등식은 통하지 않습니다. 즉 산업화세대, 민주화세대, 밀레니얼세대를 막론하여 전 세대가 협력해야 하고, 남녀노소, 진보, 보수를 망라하여 전 세력이 협동해야 하며, 동양과 서양, 남반구와 북반구를 아울러 전 세계가 협업해야 합니다.

그래서 '전환을 위한 스타트업'이라는 독특한 섹션도 마련되었다고 생각합니다. 생명을 생각하는 생활을 생산하기 위해서는, 새로운 생각과 새로운 생활만이 아니라 새로운 생산도 반드시 결합되어야 합니다. 기술과 금융과 경영 등 산업혁명의 첨단을 달렸던 영역이 생태문명의 가치 아래 융복합되어야 합니다. 회복과 치유라는 되돌림의 애씀만큼이나 창업과 창조라는 미래의 기획력이 투트랙이 되어 쌍순환을 이루어야 하겠습니다. 돈이 돌고 돌면서 생명의 기운을 북돋으면서도 그 종잣돈이 더더욱 불어나서 더 큰 생명산업으로 재투입되는 선순환의 기술적 고리를 창안해야 하는 것입니다. 땅과 산과 강과 바다와 하늘을 되살리고, 동물과 식물과 미물이 공존하고 공생하는 지구 공동체의 회생이라는 '위대한 과업'을 온 마음과 온몸을 다하여 수행하기 위해서라도, 인공적인 기술과 사물과도 공진화하는 생태운동의 업그레이드와 업데이트가 절실하다 하겠습니다.

오늘 이 자리에 모신 세 분의 연사들은 생태문명을 지향하는 생명살림산업의 최전선에 계신 분들입니다. 지역의 주민자치와 에너지 대전환이라는 미래 가치를 금융 혁신과 결부시키기도 하고, 산업혁명의 부산물이라고도 할 수 있는 쓰레기 문제를 창의적인 방식으로 해결하는 비즈니스 모델을 만들기도 했으며, 버섯의 균사체라는 독특한 물질을 통하여 우리의 의식주를 전환시킬 수 있는 획기적인 기술도 창안하고 있습니다. 이분들의 창의적이고 혁신적인 실험에 주목해 주시고 성원해 주시고, 또 함께해 주신다면 한국의 생태문명으로의 전환에 더더욱 가속도가 붙을 것임을 확신하고 있습니다. 그래서 내년에도, 내후년에도 더 많은 스타트업과 더 다양한 생명살림기업들이 생태문명회의에 동참하여서 생태문명 2.0, 미래형 생태문명으로의 진화에 함께할 수 있기를 희망합니다.

2021년 9월
이병한

버섯을 이용하여 대체 고기를 만들고 대체 가죽을 만든다.
햄버거와 핸드백을 균사체로 제조한다.
의식주 가운데 두 가지, 사람이 살아가는 데 가장 긴요한 요소인
음식과 옷을 생산하는 데 뛰어들었다.

1장

테크놀로지 테이스트

"미래의 맛, 미래의 멋"

미생물, 인류를 보존할 히든카드

MYCELPROJECT
마이셀프로젝트

사성진 대표

"100억 인구를 먹여살릴 프로젝트"

바이오테크 : 공업과 농업 사이

스토리가 있는 창업가다. 본디 자동차를 만들던 사람이다. 한국을 대표하는 자동차 회사에서 설계 일로 커리어를 쌓기 시작했다. 당시 자동차는 20세기 산업 문명의 상징이었다. 그러나 오늘날 마이카 문화는 기후 온난화를 초래한 원흉으로 지목되고 지탄받는다. 자동차가 확산하면서 개인의 탄소발자국은 폭발적으로 늘어났다. 과연 엔지니어를 접고 새로이 시작한 일은 정반대 방향이다. 탄소 배출을 줄이는 일로 2020년 3월 창업했다. 공장식 축산을 대신하여 대체단백질을 배양한다. 요즘 말로 푸드테크Food Tech나 애그리테크Agri Tech, 바이오스타트업의 CEO가 된 것이다. 지구를 망치는 하이테크High Tech에서 지구를 살리는 딥테크Deep Tech로 전향했다. 그야말로 오래된 미래, 농업의 최전선에 발을 들이게 된 것이다.

포스트-코로나 시대의 대반전이 인생의 변화와 절묘하게 포개진 점도 흥미롭다. 그 전환의 계기에 미래 세대, 그의 딸들이 있었음은 창업 스토리에 감칠맛을 더한다. 어느 날 환경 관련 다큐멘터리와 전시를 본 세 자매가 물었단다. "아빠는 왜 하필이면 자동차 만드는 일을 해?" 딸들은 임박한 기후재앙에 두려움에 떨며 며칠이나 울먹였다. 그 모습에 딸부자, 딸바보 아빠는 진즉부터 품고 있던 창업을 결심하고 결행한다. 이미 EBS 다큐멘터리 지식채널e 〈딸이 울었다〉 편으로도 제작된 훈훈한 일화다.

사업 아이템은 더더욱 흥미롭다. 버섯을 이용하여 대체 고기를 만들고 대체 가죽을 만든다. 햄버거와 핸드백을 균사체로 제조한다. 의식주 가운데 두 가지, 사람이 살아가는 데 가장 긴요한 요소인 음식과 옷을 생산하는 데 뛰어든 것이다. 보통 지구온난화의 원인으로 화석연료를 사용하는 이동수단을 가장 먼저 떠올린다. 정작 삼시 세끼 우리가 매일같이 먹는 아침과 점심, 저녁의 결과라고는 쉬이 상상하기 어렵다. 그만큼 식량 체계는 정교하고 복잡하다. 반면으로 식탁에 최종 음식물이 올라오기까지의 전 과정은 잘 드러나지 않는다. 그러나 곰곰 따져 보면 트랙터, 어선, 수송, 가공, 화학 처리, 포장, 냉동, 슈퍼마켓, 부엌에 연료를 공급하기까지 이 모든 공정 Value Chain에서 화석연료가 사용된다. 그뿐만 아니라, 화학비료는 강력한 아산화질소를 발생시켜 대지를 오염시키고 대기 중으로 배출된다.

채식과 육식의 징검다리

육류에 대한 열렬한 선호 탓에 현재 600억 마리가 넘는 동물이 사육되고 있으며, 그 동물들을 위한 식량과 목초지 확보에 농지의 거의 절반이 할애되고 있다는 충격적인 사실은 이제 제법 널리 알려졌다. 이산화탄소, 아산화질소, 메탄을 포함한 축산 배출은 연간 온실가스 배출량의 20퍼센트를 차지한다. 농업에서 삼림 벌채, 음식물 쓰레기에 이르기까지 다른 모든 식품 관련 배출에 축산까지 추가한다면, 우리가 먹는 음식이야말로 지구온난화의 가장 큰 원인이라고 해도 지나치지 않을 것이다. 가령 전 세계에서 키우는 소들을 하나의 국가로 친다면, 중국과 미국에 이어 세계 3위 온실가스 배출국이 될 정도다. 그야말로 인류는 지구의 모든 생명을 게걸스레 갉아 먹어치워 온 것이다. '먹방'은 동시대 인간의 생활방식을 가감 없는 방식으로 적나라하게 보여 주는 우리 자화상이다.

따라서 식습관 변화는 지구의 진로를 변경시킬 수 있는 가장 쉬우면서도 가장 강력한 한 방, 게임 체인저가 될 가능성을 가진다. 하루에도 수십억 명이 몇 번의 식사를 하고 있으니, 판세를 역전시킬 기회는 무궁무진하다. 그래서 누군가는 "우리가 날씨다 We are the Wether."[1]라고 선언할 수 있었다. 나아가 오로지 고기가 되기 위하여 일생을 축사에서 사육되는 수십억 마리의 동물도 해방시킬 수 있다. 가축을 먹이기 위하여 사용되던 어마어마한 크기의 토지를 탄소는 먹어 치우고 산소는 내뿜어 주는 숲으로 가꿀 수 있다. 땅도 살리고 동물도 살리고 동물성 단백질의 과다 섭취로 만성질환에 시달리는 현대인의 건강도 되살릴 수 있는 일거다득의 첩경이다.

그러나 입맛만큼 쉽사리 바뀌지 않는 습성도 없음이 커다란 복병이다. 미각은 오감 가운데 가장 보수적인 감각이다. 어릴 적 엄마의 손맛, 그리운 고국과 고향의 옛 맛은 원초적인 감정을 자극하고 근원적인 향수를 불러일으킨다. '삼겹살에 소주', '치킨에 맥주'는 이미 수많은 이의 소울푸드 Soul Food로 확고하게 자리 잡았다. 고급스러운 레스토랑에서 즐기는 와인과 스테이크의 우아한 조합도 거부하기 힘든 유혹이다. 그만큼 결기 어린 결단이 수반되지 않으면 결행부터가 어렵다. 설혹 결심했더라도 작심삼일에 그치기 일쑤다. 날로 늘어나는 채식주의자 비율에 허수가 적지 않은 까닭이다. 채식주의자를 장기적으로 추적해 보면 다시 본디의 식생활로 되돌아가는 경우가 8할이라는 보고서도 있다. 그래서 육식과 채식

---

1 『우리가 날씨다』 조너선 사프란 포어, 송은주 옮김, 민음사(2020년 10월 29일)

사이 양단간에 선택하라는 윽박지름은 잡식동물의 딜레마를 더욱 가중시킬 뿐이다.

육식과 채식 사이 샛길을 열어 주고 징검다리를 놓아 주어야 한다. 육식의 대안이 채식이라는 설교만으로 타박하기보다는, 기왕의 육식을 대체할 수 있는 새로운 선택지를 폭넓게 제공해 주어야 한다. 동물성 단백질을 섭취해 왔던 일만 년이 넘는 오래된 습관을 바꾸려면 그만큼이나 영리하고 지혜로운 전략이 필요한 것이다. 손쉬운 선택지를 제공하고, 눈에도 잘 띌 뿐아니라, 매력도 갖추어야 한다. 바로 이 대목에서 새로운 기술의 역할이 필요하다.

대체육 : 육식과 채식 사이

정육점에 널린 시뻘건 생고기는 갈수록 낡은 상품Old-Fashioned Meat으로 간주될지도 모른다. 고기가 아닌 고기, 전통적이지 않은 고기, 동물의 살점에서 뜯어내지 않은 고기를 제조하고 생산해 낼 수 있기 때문이다. 왜 아니겠는가. 인간은 저 지구 밖에서 공전하고 있는 인공 별, 인공위성도 만들어 낸 영특한 존재다. 46억 년 지구의 진화 끝에 산출된 가장 복잡한 기관이라는 뇌Brain의 기능을 인위적으로 가동시켜 가상의 인공지능Artificial Intelligence도 창출해 내는 영민한 동물이다. 하물며 지구 안, 땅 위에서 인공적인 고기쯤이야 얼마든지 만들어 낼 수 있다.

생명체의 고통을 수반하지 않고도 청결한 방법으로 단백질을 배양하는 것이 가능함을 증명하고 있다. 엄선된 식물성 대체 식품은 이미 식료품점의 육류 코너로 진출했다. 대학은 연구에 뛰어들었고, 벤처 자본은 과감하게 투자되고 있으며, 소비자의 관심은 날로 증가하고 있다. 기술혁명과 소비시장의 공진화로 상품의 품질 또한 빠르게 향상되고 있다. 비육류 시장은 벌써 붐을 이루었으며, 대체육 시장은 이미 봄을 맞이했다.

업계에서는 특히 2020년을 중대한 변곡점으로 삼는다. 코로나 팬데믹으로 기왕의 식품생산 생태계가 극적으로 붕괴한 탓이다. '비거노믹스'라는 신조어마저 등장했다. 서점에는 비건 관련 책들이 날마다 새로 깔리고, 온라인에서는 비건 상품을 소비하는 모습을 인증하고 과시하는 이미지가 흘러넘친다. 관련 기업들을 망라하는 비건 박람회도 여러 차례 열렸다. 달아오르는 시장만큼이나 백가쟁명, 이름도 다양하다. 'Beyond Meat', 'Clean Meat', 'Cultured Meat', 'Advanced Meat' 등 정명을 둘러싼 패권 다툼이 치열하다.

고로 마이셀프로젝트의 사성진 대표 또한 한창 핫한 블루오션을 개척하는 기민하고 세련된 스타트업 CEO라는 이미지를 떠올리기 십상이다. 이미 서울창조경제혁신센터에서 선정하는 '사내벤처 육성 프로젝트' 우수 벤처팀에 선정되었을 만큼 공적인 인정도 받고 있다.

미래의 히든카드

그러나 내가 이분을 '딥 퓨처DEEP FUTURE'를 열어가는 첫 번째 인터뷰 대상자로 꼽은 이유는 소소하고 사소한 일상다반사 때문이다. 사업의 방향성과 일상의 전환이 포개지는 점 때문이었다. '글로벌 그린 뉴딜'로 그린테크Green Tech에는 벌써 뭉칫돈이 굴러다니기 시작했다. 녹색 돈 냄새를 맡고 재빠르게 움직이고 있는 여느 사업가들과는 결이 다르다. 라이프 스타일도 통째로 바꾸는 중이다. 대기업을 떠나면서 사무공간과 거주공간도 완전히 바꾸었다. 처음 만났던 강남역 근방의 서울사무소도 지난해 홍역을 치렀다고 한다. 코로나 확진자가 나와 건물 전체가 한참 폐쇄되었고, 수백 명 근무자 전원이 코로나 검사를 받아야 했다. 밀집되고 밀폐된 공간에서 밀접하게 접촉하는 기왕의 오피스 문화를 바꿀 대안을 강구해야 한다. 이번 팬데믹이 지나가더라도 또 다른 역병의 출현이 숱하게 일어날 것임을 능히 짐작할 수 있기 때문이다.

탈서울 행렬에 동참해 새 거처로 삼은 곳은 경기도 여주다. 여전히 수도권 아니냐 강변할 수도 있지만, 실제로 그의 보금자리가 터하고 있는 집은 여주시하고도 강천면, 강천하고도 외곽의 적막한 산골짜기였다. 여주역에서 내려 터벅터벅 두어 시간을 걸어야 닿을 수 있는 곳이다. 사방은 이틀 전에 내린 눈이 채 녹지 않은 산으로 둘러싸여 있고, 500평 남짓한 텃밭에는 들깨며 파며 고구마며 올 한 해 농사를 지은 흔적이 남아 있다. 대문이 없는 외딴집에

당도하자 가장 먼저 손님을 맞아준 이는 하얀색 털 강아지다. 유기
견이라고 한다. 이름을 '우주'로 지어 주었다. 이 녀석이 집으로 들
어오면서 새로운 세계가 열렸다는 뜻이란다. 잡종이라고 하니 유
니버스Universe보다는 멀티버스Multiverse가 어울리겠다. 짬이 날 때마
다 세 딸을 데리고 강아지와 이 산 저 산 산책하는 것을 즐긴다. 버
섯 전문가 아빠이니 여기저기 소상히 살펴보며 고사리도 캐 오는
재미가 제법 쏠쏠할 법하다. 도시 아이, 벌레를 지독히도 무서워하
여 시골로 이사하는 것을 꺼렸던 딸들이 이제는 뱀도 잡고 놀 정
도가 되었다고 한다. 한 반에 열 명 남짓, 전교생이 100명도 안 되
는 산골 초등학교에 줄줄이 총총히 다니고 있다.

　생체역학을 전공한 엔지니어답게 2층 집 자택 또한 직접 설계

했다. 태양광으로 모든 전력을 생산하고 소비하는 친환경 에코하우스다. 외출할 때에는 태양광으로 생산된 전기로 충전한 전기차를 몰고 다닌다. 세 딸의 방에는 산과 하늘이 내다보이는 커다란 창문을 달아 주었고, 방마다 딸린 문을 열고 나가면 곧장 마당으로 이어진다. 2층에는 다락방도 꾸며 주었다. 까르르르 세 자매가 웃는 소리가 들리는데 정작 어디 숨어 있나 했더니, 그들만의 비밀 아지트, 다락방에서 놀고 있었다. 다락방과 함께 가장 공을 들인 곳은 주방 겸 거실이다. 주방은 가족들 모두가 함께 쓰는 개방형 공유 공간이고, 다락방은 고유하고 은밀한 사적 공간이다.

하얀 눈이 깔린 마당이 훤하게 내다보이는 주방 한 켠에 걸터앉아 대화를 시작했다. 변함없이 노란색 둥근 안경테를 콧등에 걸쳤고, 후줄근한 회색 후드티에는 파란색 글씨로 'MYCEL(마이셀)' 로고가 박혀 있다. 마침 공장에서 배양된 버섯 균사체 고기로 만든 스튜를 한 접시 내어주신다. 본래는 2020년 12월에 출시할 예정이었던 "인디펜던트 테이블Independent Table"의 상품일 것이다. 더 맛있는 균을 찾아 대량생산할 수 있도록 설비를 정비하는 등, 기술적 완성 단계에 이르지 못했다고 판단하여 공급을 미루었다고 한다. 하루라도 빨리 제품을 선보이고 시장을 선점하고 싶을 성한데 신중한 성품이 엿보이는 대목이다. 덕분에 나는 시장 출시 이전의 신상품을 미리 시식해 볼 수 있는 특혜, 특권을 누렸다.

채소들 사이로 저 동글동글한 물체가 바로 '고기'렸다. 지긋하

게 첫 눈맞춤을 나누었다. 다음은 입
맞춤 차례. 사뭇 진지한 마음가짐으
로 숟가락을 들고 '고기'를 떠 담았
다. 그릇에서부터 내 입 속까지, 최
대한 천천히 이동시켰다. 자연적 진
화의 소산인 내 몸뚱이와 기술적 진
화의 산물인 '균사체 고기'가 만나
는 역사적인 순간이었다. 과거와 미
래가 접속하는 현재이자, 땅속 미생

물이 내 위장 속 미생물과 접촉하는 신토불이身土不二의 현장이었다.
경건한 자세로 입 속에서도 오래 궁글리며 차근차근 잘근잘근 씹
어 보았다. '고기'가 잘게 부수어져 나가며 그윽한 버섯 향이 입가
에 서서히 퍼져 나갔다. 치아에 스며들고 혓바닥을 촉촉이 적시는
이 액체를 '육즙'이라고 해야 할까? 매끄럽게 식도를 타고 내려가
는 이물감까지 또렷하게 음미해 보았다. 이것이 바로 미래의 맛일
터이다. 6번째 대멸종이 임박했다는 오늘의 인류를 되살려 낼 수
도 있는 인공의 입맛이며 첨단공학의 참맛이다.

테크놀로지의 테이스트Taste인 동시에 매우 오래된 구수한 맛이
기도 하다. 균류는 인류보다 훨씬 오래전부터 지구상에 살기 시작
한 미생물인 탓이다. 우리의 오랜 선조이고 선배이다. 이 묵은 미
물이 최신의 생명공학과 결합함으로써 장차 100억 인구를 먹여

살리면서도 지구 환경을 푸르게 푸르게 보존할 수 있는 히든카드
가 될 수 있을지 모른다. 2050년이면 지구에 100억 명이 살고 있
을 것이고, 고기의 수요는 지금보다 70퍼센트가 늘어날 것으로 추
정되기 때문이다. 지금까지의 동물성 단백질 생산 시스템이 유지
된다면, 우리가 아는 한 우주에서 유일한 거주 가능 행성인 지구의
미래는 암울하다 하겠다. 자연스레 첫 질문은 버섯 균사체로부터
출발했다. 장엄한 지구의 역사, 장대한 지질학적 진화사의 지평에
서 우리의 키친 토크는 시작되었다.

이병한　사명이 '마이셀프로젝트Mycelproject'입니다. 마이셀, 즉 버섯 균사체
　　　　가 핵심 물질인데요. 왜 이 바이오 소재를 주목하셨는지부터 듣고
　　　　싶습니다.

사성진　마이셀이 곰팡이에 속하는 버섯균류를 핵심 소재로 사용
　　　　하는 이유는 곰팡이류가 생태계에서 자연 순환의 역할을
　　　　하기 때문입니다. 이 역할을 확장하고 자연계와 사람들

과의 연결을 통해 산업적 순환성을 만들 수 있다는 확신이 있습니다.

진화는 거대한 시간의 축적을 통해서 이루어져 왔고, 지구라는 행성과 지구상의 생물에게 새로운 생명의 기회들을 제공해 왔습니다. 지질시대 중 석탄기에는 목재를 분해하는 곰팡이(균)가 존재하지 않았습니다. 그래서 지구 표면에는 대량의 목재 쓰레기가 쌓여 있었죠. 석탄기 말, 진화의 결과로 백식 부후균White-rot fungi이 나타나면서, 쌓여 있는 쓰레기들을 분해하기 시작한 것입니다. 이러한 균류의 등장으로 마침내 자연자원의 순환성이 완성된 것이죠. 균류의 등장이 없었다면 지구 표면은 지금까지도 나무 쓰레기로 뒤덮여 있을 것입니다. 또 새로운 생명을 잉태하지도 못했을 겁니다.

저는 과거에도 그랬던 것처럼 곰팡이와 같은 미생물류가 산업폐기물, 특히 플라스틱 쓰레기를 자연의 순환 고리 안에서 분해하고 새로운 자원으로 탄생시켜 우리의 미래를 구할 수 있다고 믿고 있습니다. 곰팡이 균류가 산업 시스템과 자연생태계의 핵심적인 연결고리 역할을 함으로써 현재의 산업 체제를 선형 구조에서 자연 시스템의 순환 구조로 바꾸어 지속가능한 미래를 여는 것이 궁극적으로 마이셀이 하고 싶은 일입니다.

이병한 과거 미생물 균류가 했던 역할을 미래 기술로 발전시켜 다시 한번 생명의 진화에 일조하겠다는 발상이 매혹적입니다. 마치 테크놀로지를 장착한 환경운동과도 같은데요. 저도 2021년 새해를 맞이해서 100일간 '비육식 두 끼'를 시도하는 모임에 들어갔습니다. 오랫동안 생명평화운동을 선구적으로 펼쳐 온 분들이 주축인데요. 그런데 그분들과 교류하다 보면 과학과 기술에 대한 관심이 무척 미약하다는 인상을 자주 받습니다. 무심함을 넘어서 때로는 반감이랄까, 적대감을 드러내기도 하고요. 생태운동과 생명공학 사이의 이 아득한 간격에 대해서는 어떻게 생각하시는지요?

사섭진 워낙 거대한 질문이고 자칫 오해를 살 수 있는 부분이 있어 조심스럽습니다. 이제 갓 출발한 스타트업을 운영하는 사람에게 적절한 질문인가를 먼저 고민하게 되네요. 먼저 생태운동과 생명공학의 간극은 그동안 과학기술이 노정했던 속성과 그로 인한 모순들에 기인한다고 봅니다. 과학계에 만연한 환원주의나 기계론적 자연관으로 학문이 지나치게 세분화되면서 예상치 못한 난제들이 숱하게 쏟아졌지요. 또 자본과 결탁한 과학기술이 지배체제를 공고히 하고 소비지상주의, 공동체 해체 등 여러 사회문제를 초래했고요.

반면 저 역시 생태진영, 녹색마당에 몸담은 분들을 종종 만나 뵈었습니다. 그럴 때마다 다소 배타적인 마음이 강한 게 아닐까라는 인상을 받았습니다. 그래서는 과연 세상을 바꿀 수 있을 것인가 의구심도 품었고요. 현재의 시스템이 총체적으로 바뀌어야 하고, 그 시스템 안의 계급구조 또한 바뀌어야 하지 않을까요? 그런데 그분들은 시스템 자체를 거부하고 계신 것 같았습니다. 그러면 그럴수록 고립되고 소외되는 것이 아닐까. 정말로 절실하게 산업문명 이후의 새로운 문명을 갈망한다면 시스템 안으로 들어와서 이기는 싸움을 해야 하지 않을까.

제 기준으로 말씀드리면, 양자 간의 간극은 사고방식과 해결 방법의 차이에서 기인하는 것 같습니다. 저는 기본적으로 엔지니어, 공학자로서 무엇이 더 효율적이고 효용적인가의 관점에서 접근합니다. 생태문명을 선험적으로 지향하기보다는, 생태 시스템이 가장 합리적이고 효과적이기 때문에 그에 기초하여 산업 시스템도 바꾸어가야 한다는 입장인 것이죠.

이병한 생태농업이랄까요, 유기농업에 대해서는 어떻게 생각하세요? 흙에 뿌리를 내리는 생태주의와 실험실이나 연구소, 혹은 공장으로 상징되는 푸드테크 사이에는 여전히 감수성의 차이가 큰 것 같습니다.

사성진　일단 마이셀프로젝트는 '푸드테크Food Tech'보다는 '애그리테크Agri Tech'가 맞는 것 같고요. 애그리테크, 라는 말 자체가 상징하듯이 더 이상 농업과 공업을 무 자르듯 나눌 수 없다고도 생각합니다. 공학은 점점 더 생물학에 근접하고 있으며, 유전자 편집기술처럼 생물학은 갈수록 공학과 밀접해지고 있습니다. 앞으로는 더더욱 그러할 테지요. 실상은 농업의 출발부터가 자연을 거스르는 인위적인 기술 개입의 소산이었다고 할 수 있습니다. 자연 그대로 두었다면 1만 년 전 그 농업혁명도 일어날 수 없었겠죠. 식물을 재배하여 작물로 가꾸고, 동물을 길러서 가축으로 만드는 일련의 작업이 곧 공학적 실험이거든요. 논과 밭이야말로 자연에 대한 인간적 개입으로 조성된 인공 환경이었던 것이고요. '인공호수'라 할 수 있는 저수지도 마찬가지죠. 즉 일백 년 전 공장식 축산 이전에 일만 년 전의 가축화 역시도 '자연스러운 것'은 아니었던 겁니다.
　우리는 이미 '인공조명'으로 해가 진 밤에도 불을 밝히고, 한겨울이 아니어도 암모니아를 활용한 '인공 얼음'으로 냉장실을 작동하며 일상을 영위하고 있습니다. 불과

한 세대 전만 해도 시험관 아기는 낯설고 어색한 것이었습니다. 그러나 지금은 어떻게 되었나요? 인공적 개입의 도움을 빌려 쌍둥이를 낳는 확률이 높아졌습니다. 자연임신이 바람직한 것이고 인공임신은 부자연스러운 것이라고 말할 수 있을까요? '인공 고기'나 '인공 가죽' 또한 비슷한 궤적을 밟게 되지 않을까 싶습니다.

이병한   재미있는 말씀입니다. 마이셀프로젝트가 하려는 일을 유기농과 생명공학의 접점, '유기 공업'이라고 표현할 수도 있겠다는 생각이 듭니다. 그런데 땅을 밟고 바람을 마시고 비를 맞으며 농사를 짓는 행위 속에는 자연과 더불어 생산한다는 생태적 감각이 자연스럽게 생겨나는 것 같거든요. 땅에 대한 존엄과 농사라는 행위의 위엄을 느끼게도 되고요. 하늘과 땅과 사람의 합작품, 천지인의 조화를 체감하는 것이죠. 그런데 단백질 공급을 배양소에서 대신하게 된다면 자연의 위대함과 아름다움에 대한 감각은 확실히 줄어드는 것이 아닐까 하는 생각도 듭니다.

사성진   자연의 위대함이나 아름다움에 대한 감각은 생산과 소비가 글로벌화되면서 확실히 기대하기 어려워졌습니다. 우리가 특정 제품을 소비할 때 그 원료가 대체 어디서 어떻게 생산되지 전혀 모르는 경우가 태반이잖아요? 관건은 자연과 자본 사이, 야생과 인공 사이의 다리를 만드는 일인 것 같습니다. 자연의 생태 시스템도 무수하게 많은 메커니즘이 켜켜이 쌓여서 축적된 것이잖아요. 자본 시스템은 그 자연 시스템에 기초해서 작동하는 것이고요. 저는 기왕의 공학 또한 대전환이 필요한 시점이라고 생각합니다. '유기 공업'이라는 표현에 빗대자면, '생태공학'이 필요하다고 할까요. 저희가 하려는 균사체 기반의 단백질 공급과 비건 가죽의 생산 또한 자연과 깊이 연동되어 있습니다.

가령 코로나 팬데믹 이후에 식량 관련 선물시장의 가격이 계속 상승하고 있습니다. 그 저렴하던 설탕 가격조차 굉장히 비싸질 수 있어요. 버섯균을 배양해서 인공 고기를 만들고 인공섬유를 짓는 데에는 반드시 발효기술이 필요합니다. 그런데 설탕 가격이 점점 높아지면 공학에 기반한 단백질 생산 비용도 굉장히 올라가게 되는 것이죠. 만약 현재의 10배 이상으로 값이 상승한다면 저희 사업모델은 성립조차 될 수 없습니다. 즉 자본과 자연은 애당초 긴밀히 연결되어 있는 것입니다.

이병한 생태주의의 고전으로 『오래된 미래 *Ancient Futures*』라는 책이 있습니다. '라다크로부터 배우다'가 부제인데요. 저 또한 과거로의 회귀가 과연 미래를 열어줄 것인지 반신반의하는 측면이 없지 않습니다. 과학과 공학과의 적극적인 결합으로부터 미래를 창조해 가는 새로운 방향에 훨씬 더 관심이 기울어지고 있고요. '오래된 미래 Ancient Future'보다는 '깊은 미래 Deep Future'라는 표현을 선호하는 까닭입니다. 지난 30년 IT혁명을 촉발했던 하이테크 High Tech와는 다른 지향으로 지구와 생명의 진화에 일조하는 기술을 딥테크 Deep Tech라고 하더군요. 마이셀프로젝트가 확보한 테크놀로지야말로 딥테크가 아닌가 싶습니다.

사섭진 마이셀의 기술을 멋진 단어로 표현해 주셔서 감사합니다. 저희는 범용화된 기술을 다른 성격으로 활용하는 쪽에 가깝습니다. 범용적 기술은 그 해당 분야에서는 흔한 것이겠죠. 미디어에서 다른 컨텍스트와 컨테이너에 따라 콘텐츠의 파급력이 달라지는 것처럼 범용적 기술 또한 어떤 관점으로 어디에 활용하는가에 따라 효과가 달라집니다. 마이셀의 기술적 본질 또한 버섯농업과 크게 다르지는 않습니다. 다만 이 기술로 버섯을 키울 것인가? 아니면 산업 시스템 전체를 바꾸는 데 활용할 것인가? 질문에 따라서 기술의 가치가 바뀌는 것입니다. 그 질문에 대한 해답을 찾아가는 과정에서 마이셀프로젝트의 기술은 점점 더 고도화되고 있습니다.

따지고 보면 효모의 발효에 기댄 맥주나 요구르트야말로 최초의 생명공학 테크놀로지입니다. 김치와 된장, 치즈 같은 음식도 마찬가지죠. 공학이나 기술이라는 단어에서 비롯하는 거부감부터 거부해 나갈 필요가 있습니다. 식탁은 인간과 자연을 잇는 생태적 연결고리일 뿐만 아니라, 인간과 자본이 만나는 기술적 연결망이기도 합니다.

이병한　「Rethink X」[2]라는 자료를 추천해 주셨잖아요? 덕분에 굉장히 흥미롭게 탐독했습니다. 그런데 그 책에는 과학기술을 뛰어넘는 발상이 가득했습니다. 음식 Food을 소프트웨어 Software로 접근합니다. 이런 파격적 주장은 기존의 생태주의자에게 반감을 넘어 분노를 일으키는 표현이 아닌가요? 불경하달까요?

사섬진　영양학적으로 따지면 음식이란 단순히 영양분의 조합, 영양소의 패키지일 뿐입니다. 단백질과 지방, 탄수화물과 비타민, 미네랄 등의 결합이죠. 그중에서도 단백질은 모든 세포가 정상적으로 작동하는 데 필요한 필수 성분입니다. 이 필수 영양소를 얻기 위해서 인간은 그동안 거

2　기술이 선도하는 미래의 사회 변화를 중점적으로 연구하는 민간 싱크탱크로 에너지, 농업/식량, 교통에 대한 보고서가 특히 유명하다. 연구소 공동창립자 가운데 한 명인 토니 세바의 저서인 「에너지 혁명 2030」도 국내에 출간되어 있다.

대한 유기체, 즉 동물을 자르고 찢어서 필요한 영양분을 추출해 온 것이죠. 필요하지 않은 부위는 버려졌고요. 어마어마한 육류 폐기물을 생각해 보면 정말로 비효율적인 식량 생산 체제였다고 하겠습니다. 대형 유기체를 난도질하는 도살은 너무나 힘들고, 너무도 값비싼 방법이었던 것이죠. 그런데 앞으로는 정밀 생물학의 발전으로 필요한 영양소를 필요한 만큼만 조립하고 조합해 낼 수 있게 됩니다. 미생물을 프로그램화하여 복잡한 유기 분자도 생산해 낼 수 있게 되는 것이죠. 그것도 매우 정확하고 다루기 쉬운 방식으로요.

이병한　저는 우리나라 생명운동의 원조로 동학운동을 꼽는데요. 동학쟁이들이 "이천식천以天食天"이라는 문자를 즐겨 썼습니다. 하늘로 하늘을 먹는다. 하늘이 하늘을 먹는다. 생명의 생태적 순환 과정을 기가 막히게 잘 표현했다고 생각합니다. 그런데 이제는 적출이 아니라 창조라니, "작천식천作天食天", 하늘을 지어서 하늘을 먹는다, 라고 말할 수 있을지 모르겠군요.

사성진　상상력을 해방시켜야 합니다. 'Rethink X'의 발효기술을 통한 원료 생산 또한 음식을 소프트웨어화하는 데 필요한 기술이라고 할 수 있습니다. 소프트웨어가 된 푸드는 계절과 날씨, 가뭄과 질병 등 여타의 자연적, 경제적, 정치적 요인들로부터도 자유로워집니다. 즉 지정학이나 지경학의 조건이라는 구속에서 벗어나는 것이죠. 탈중앙화와 현지화, 로컬 비즈니스로 진화할 수 있습니다. 식량 생산과 유통 그리고 소비의 그 어마어마하게 긴 탄소발자국을 대폭 줄이면서도 더 안정적으로 식량 공급이 가능해지는 것이죠. 회복탄력성 측면에서도 환영할 일입니다.

이병한 요리사, 셰프라는 직업이 한창 각광받고 있는데요. 조리사를 앞으로는 '푸드 엔지니어'라고 부를 수도 있겠습니다.

사성진 현실화된다면 푸드 엔지니어링 네트워크도 만들어질 수가 있겠죠. 마치 소프트웨어 개발자들이 디자인 앱을 활용하여 끊임없는 업데이트와 업그레이드를 변주하듯이, 푸드 엔지니어들이 제작한 음식 레시피를 데이터베이스에 업로드하면 그것이 일종의 디지털 분자 요리책으로 진화하게 되는 것이죠. 세계 어느 곳의 푸드 엔지니어들도 세계 어떤 곳의 새로운 음식을 실시간으로 조합해 낼 수 있게 됩니다. 더 싸게 더 맛있는 음식을 더욱 빨리 접하는 것이죠.

이병한   단백질원 대체가 불러오는 경제적 효과도 적지 않을 것 같습니다.

사섬진   미생물을 기반으로 한 정밀 발효기술로 대체 단백질을 생산하면 그 비용이 설탕 가격에 수렴할 거라 예측합니다. 2030년까지 기존 비용의 1/5로 줄어들고, 2035년까지는 1/10 수준으로 떨어집니다. 그러면 미국의 경우, 평균 4인 가구당 식비가 1,200달러 이상 절감될 것으로 예상합니다. 130만 원 안팎이니 가계에 쏠쏠한 도움이 되겠지요.

이병한   환경적 개선 효과도 크던데요.

사섬진   일단 공장식 축산을 운영하려고 사료 공급용으로 조성된 옥수수와 콩 농장이 대거 사라지게 되겠죠. 가축을 길렀던 목장과 그 가축을 먹이기 위해 만들었던 농장의 토지 가운데 60퍼센트 이상을 다시 숲으로 되돌릴 수 있을 것으로 전망합니다. 토양 생태계를 되살리는 다년생 식물들도 복원될 것입니다. 동물성 단백질을 생산하느라 탄소를 내뿜었던 땅이 재차 탄소를 저장하고 산소를 배출하는 생태적 공간으로 바뀌는 것이죠. 규모로 치자면 아이오와주의 13배에 해당한다고 해요. 1803년 루이지애

나주 구입[3]에 맞먹는 어마어마한 사이즈입니다.

또 동물 사육, 특히 소에서 배출되는 메탄과 탄소의 양[4]이 엄청났잖아요? 2030년까지는 그 온실가스 또한 60퍼센트, 2035년까지는 80퍼센트까지 감축될 수 있습니다. 농업과 축산업에 필요했던 석유 수요도 절반 이하로 떨어질 것입니다. 물 사용량은 2030년까지 50퍼센트, 2035년까지는 75퍼센트 이하로 줄어들 것이고요. 각종 동물 폐기물과 호르몬, 항생제에 의한 강과 호수, 바다의 오염 등 수질 개선도 대폭 개선되겠죠. 실제로 '프로젝트 드로다운DRAWDOWN'[5]에서 기후 위기를 반전시키기 위한 현존하는 기술을 뽑았는데요, 상위 20개 기술 중 열두 가지가 소규모 농업 및 식품과 관련된 항목이었습니다. FOOD음식 & LAND땅가 핵심적입니다.

---

3 루이지애나 매입(Louisiana Purchase)은 1803년에 미국 정부가 프랑스로부터 2,147,000km²의 루이지애나 영토를 1,500만 달러에 사들였던 사건으로 '미국 역사상 가장 현명했던 구매'로서 널리 회자된다.

4 대표적인 반추동물인 소는 소화 과정과 배설물을 통해 연간 평균 70~120kg의 메탄가스를 배출한다. 세계적으로 15억 마리가 사육되는 점을 고려하면 1억500만~1억8천만t에 달하는 양으로 온실가스 배출과 지구온난화의 주된 요인으로 지목된다.

5 환경운동가 폴 호컨이 세계적인 기후·환경 전문가들과 함께 기후 위기를 해결할 대책을 모색하는 대규모 장기 프로젝트. 드로다운(drawdown)은 온실가스가 최고조에 달한 뒤 매년 감소하기 시작하는 시점을 뜻하는 기후용어다. 22개국 70명의 연구진은 '프로젝트 드로다운'을 구성해 가장 강력하고 포괄적인 대책 100가지를 집대성했다. 에너지, 식량, 여성, 건축과 도시, 토지이용, 교통체계, 재료 및 원료 등 광범위한 부문에 걸쳐 우리가 할 수 있는 일들을 소개하고, 희망을 잃지 않을 과학적 근거를 제시한다. 국내에 번역된 책으로 『플랜드로다운 – 기후변화를 되돌릴 가장 강력하고 포괄적인 계획』(글항아리사이언스, 2019) 참조. 최신 정보는 홈페이지(https://drawdown.org/)에 계속 업데이트되고 있다.

이병한 동물해방 측면에서도 획기적입니다.

사성진 맞습니다. 최종적으로 완벽한 인조 스테이크 생산까지 도
달하면 기존의 축산업은 완전히 소멸할 것입니다. 시장
진화에 따른 파괴적 혁신이 바로 이러한 것이죠. 가장 먼
저 소가 해방될 것이고 닭과 돼지와 생선도 그 뒤를 이을
것입니다. 오로지 먹히기 위해 고기로 태어났던 비극이
끝나는 것이죠. "Beef소고기"는 사라지고 "Cow소"가 되돌아
올 것이며, "Pork돼지고기"는 없어지고 "Pig돼지"가 되살아날
것입니다. 돌아보면 고래와 말 등의 동물해방도 기술의
진화와 긴밀하게 연동되어 있었습니다. 19세기까지 고래
사냥은 대개 등유 램프, 고래기름을 얻고자 했던 것이죠.
20세기 에디슨이 전구를 발명함으로써 고래 시장 자체가
사라져버린 것입니다. 19세기까지도 주요한 이동수단은
말이었습니다. 더우나 추우나 비가 오나 눈이 오나 사람
과 물건을 실어 나르느라 말들은 가혹한 채찍질을 감당해
야 했습니다. 이들의 잔혹사를 끝낸 것 역시도 헨리 포드
가 '인공 마차', 자동차를 발명해 낸 덕분이죠. 전구와 자
동차가 20세기를 상징하는 기계공학의 산물이라면, 21세
기는 생명공학이 동물해방에 혁혁한 기여를 할 것입니다.

이병한   '할랄 식품'이라는 것이 있죠. 청결하게 기르고 고통이 덜한 죽음을 요청하는 이슬람식 윤리가 반영된 식문화인데요. 저도 종종 이태원까지 가서 뉴질랜드산 할랄 양고기를 사고는 했습니다. 그런데 지난해 겨울, 정작 뉴질랜드에 가 보았더니 광활한 목초지에 한가로이 풀을 뜯고 있는 소와 양의 풍경이 무척 기괴해 보이더군요. 인구는 고작 500만인 나라에서 가축은 5천만 마리를 기르는 아이러니. 그 목초지라는 '인공 자연'을 조성하기 위해 얼마나 많은 숲이 사라졌을까도 상상해 보게 되었고요. 왜 그토록 청정한 뉴질랜드가 '기후 악당 국가'로 손꼽히는가 의아했는데 현장을 방문하니 직관적으로 이해가 되었습니다. 아무래도 육류 소비를 줄이면 개개인의 건강에도 이로울 것입니다.

사섬진   맞습니다. 동물성 단백질 과다 섭취로 인한 각종 질병도 개선될 것입니다. 미생물 혹은 식물성 단백질을 원료로 한 대체육을 섭취하면 혈액 내 콜레스테롤 수치가 낮아진다는 연구 논문들이 많이 나와 있습니다. 심장병, 비만, 암 등에 지불되었던 의료비용도 대폭 줄어들 수 있고요. 값싸고 맛좋은 단백질 생산과 공급은 발전도상국에도 기아 문제를 해결하는 등 긍정적인 영향을 끼칠 것입니다. 식물성 단백질 대체육 공급은 더욱 건강한 세상으로 가는 지름길입니다. 그런 세상이 빨리 왔으면 좋겠습니다.

이병한 마침 동물해방, 환경보호, 건강 증진 등 여러 가지 이유로 비건이 주목받고 있습니다. 제가 박사 논문을 쓰러 UCLA에 공부하러 간 것이 꼭 10년 전, 2011년이었는데요. 그때 처음으로 비거니즘을 접했습니다. 한국에서도 『녹색평론』 등을 통해 기업형 농업의 해악이나 공장식 축산의 병폐를 머리로는 이해하고 있었지만, 몸의 변화까지 끌어내지는 못했거든요. 고기를 찾아다니며 먹지도 않았으나, 그렇다고 굳이 고기를 마다하지도 않았습니다.

그런데 라이프스타일 실험의 최첨단을 달리는 캘리포니아에서는 이미 채식주의에 동참하는 이들이 적지 않더군요. 그럼에도 어쩐지 지하 서클 같은 느낌이 없지 않았습니다. 고등교육을 받은 중산층의 구별 짓기라는 혐의도 없지 않았고요. 하지만 지난 10년 사이, 이제는 한국에서도 꽤 인기를 누리는 유행이 된 것 같아요. 소수자 문화에서 주류적 생활방식으로 진화했다고 할까요. 넷플릭스의 〈더 게임 체인저스〉[6] 등도 비건 문화 확산에 영향을 주지 않았나 싶고요. 인스타그램에 접속하면 비거닝을 시작한 분들을 거듭 친구 추천으로 알려 줍니다. 새해가 되면서 그 숫자가 부쩍 늘어났습니다. 채식주의에 대해서는 어떻게 생각하시는지요? 마이셸의

---

6 육식인가 채식인가, 인간의 신체 능력을 강화하고 건강을 증진하는 식단은 무엇일지 논쟁의 답을 찾기 위해 유명 과학자와 운동선수들이 직접 이야기하는 형식의 2018년 넷플릭스의 다큐멘터리.

대체육 브랜드인 '인디펜던트 테이블'도 비건 시장을 겨냥한 것일까요?

사성진 매우 민감한 주제인데요. 저로서는 이전의 생태주의에 일정한 배타성이 있던 것처럼, 현재의 비거니즘 또한 또 하나의 편향은 아닐까 생각합니다. 역시나 공학자로서 과연 시스템의 전환에 얼마나 효율적일 것인가를 고민하게 되는데요. 식물만 먹으면 과연 개개인은 더 건강해지는 것인지, 지구 환경은 더 개선되는 것인지 면밀하게 따져 볼 필요가 있다고 생각합니다. 아마도 불의 발명 이후로 인류는 고기를 섭취하게 되었을 것이고, 그 공학적 성취의 소산으로 열량을 대량 보급하고 뇌를 향상시키면서 현재의 지배적인 종이 될 수 있었던 것이거든요. '잡식동물의 딜레마'를 푸는 데 채식이 꼭 정답인지는 여전히 의문입니다. 무엇보다 '비거노믹스'에 기민하게 참여하는 대기업, 대자본이 과연 얼마나 환경을 염두에 두고 있는지도 잘 살펴볼 필요가 있어요. 끊임없이 새로움을 탐닉하는 자본주의의 상품 논리의 변형일 가능성도 적지 않거든요. '고기 없는 월요일'처럼 일주일에 하루 이틀 실천하는 운동이나, 'VB6'(오후 6시 전까지는 채식) 등 너무 심각하지 않게 가볍게 출발하는 것으로도 충분하지 않나

50

생각합니다. 저희 또한 비건식품이나 비건가죽 시장만
보고 대체육 비즈니스를 하는 것은 아닙니다. 유행이라
고는 하지만 실제로 비건 시장은 여전히 전체 식품이나
의류 시장의 규모에 비하자면 미미한 정도입니다. 플렉
시테리안Flexitarian(부분적 채식) 등 한층 더 많은 사람이 더
욱 많이 소비할 수 있도록 하는 것이 목표지요.

이병한 서울시 교육청이 채식에 관심이 많다고 들었습니다. 그래서 '채식
의 날'을 만들어 학교 급식을 시도한 모양인데, 도리어 음식물 쓰
레기가 더 많이 나왔다고 하더군요. 특히 성장기 남자아이들이 채
소 반찬을 거의 다 버린 후에 학교가 마치자마자 패스트푸드점으
로 달려가 햄버거를 폭풍흡입 하더라는 에피소드입니다.

사섬진 세 가지 길이 있는 것 같습니다. 모두가 채식주의가 되는
길, 채식을 외면하고 무시하는 길. 전자는 불가능할 것이
고요, 후자는 개선의 여지가 없는 것이죠. 그렇다면 결국
방법은 제3의 길, 무언가 새로운 시도를 하는 것입니다.
버섯 균사체로 식물성 단백질을 제조해 내는 저희도 그
세 번째 길을 개척하고 있는 셈이고요. 학교나 군대, 병
원이나 기업의 구내식당 등등에서도 일괄적으로 채식을
제공하기보다는, '채식 선택권'을 보장해 주는 쪽이 적절

한 접근 같아요. 인디펜턴트 테이블의 배양육이 대량생산 단계에 이르면 채식 선택권의 일환으로 급식 공급을 해 보고 싶은 생각도 있습니다.

이병한 육식에서 채식으로의 전면적 전환, 비건이 뉴노멀이 되기보다는 육식 최소주의라고 할까요, 미니멀리즘으로 가는 쪽이 더 합리적이라는 뜻으로 접수하겠습니다. 따지고 보면 본래 고기를 먹는다는 행위는 100년 전만 하더라도 '별미'에 해당했겠죠. 육식은 주식이 아니라 별식이라는 본래의 위상으로 되돌아가야 하지 않나 싶습니다. 정책적 개입도 가능해 보입니다. 기왕의 동물성 단백질 생산에 소요되는 사회적, 환경적 외부 효과를 충분히 반영하고 구매 선호의 변화를 유도하기 위해서 육류세라고 할까요, 마치 담배에 무거운 세금을 매기는 것처럼 고기 소비에 세금을 더 부과하는 재정적인 역인센티브도 고려해 볼 수 있겠습니다.

사섬진 공장식 축산의 부정적인 결과로 조류독감 등의 비상사태가 주기적으로 일어나잖아요? 그때마다 정부와 지자체는 살처분으로 대처하죠. 그런데 그 살처분 이후의 환경적 비용도 어마어마한 것이거든요. 사체가 부패하면서 박테리아 번식이 엄청나게 증폭하고요. 특히 여름에는 문제가 심각합니다. 여기서도 균사체가 역할을 할 수 있습니다. 동물 사체를 미생물적으로 분해해서 최대한 일찍 자연으로 돌아가도록 돕는 것이죠. 박테리아 증식은 최대한 억제하면서도, 토양 회복은 최대한 빨라지게 만드는 것입니다. 조금 더 나아가면 지역에서 배출되는 플라스틱 쓰레기를 미생물적으로 분해하는 작업도 가능해요. 균사체가 폐휴지를 분해해서 재생지 포장지를 만들어 지역에서 재활용하는 일도 시도해 볼 수 있겠지요. 제가 균류의 가능성에 푹 빠진 이유 또한 식품과 가죽에 한정되지 않고 로컬 단위의 순환경제 구축에도 크게 일조할 가능성이 무궁무진하기 때문입니다.

○ ○ ○ ○ ○ **그린와싱과 그린뉴딜**

이병한 말씀만으로도 신박하네요. '기술에 의한 정화淨化'라고도 할 수 있고, '시장을 통한 성화聖化'라고까지 말할 수 있을지 모르겠습니다. 자연과 자본의 화해이자, 성과 속의 화합이라고나 할까요. 2020년 11월에 환경재단과 함께 주최했던 한국생태문명프로젝트회의의 '전환을 위한 스타트업' 섹션에서 발표해 주신 적이 있습니다. 발표 자료를 다시 살펴보니 '그린 와싱(녹색 세탁)'이라는 표현이 눈에 확 띄었습니다. 특히 지금까지 대체육 시장을 주도해 왔던 콩 기반 대체 단백질 상품에 대해 의문을 표하셨는데요. 더 자세한 설명을 듣고 싶습니다.

사섬진 작년(2020년) 초에 〈네이처〉에 관련 논문이 발표된 적도 있습니다. 식물성 대체육이 기왕의 공장식 축산에 기초한 동물성 단백질 공급보다야 더 생태적 효과가 뛰어나다는 점은 의심의 여지가 없죠. 다만 조금 더 장기적으로 보자면 그 식물성 단백질이 과연 어디에서 나올 것인지를 면밀하게 따져 볼 필요가 있습니다. 현재로서는 결국 대규모 기업농에서 대두大豆를 생산하고 있거든요. 그 기업농들이 콩을 재배하는 방식을 보면 결코 생태 친화적이지 않아요. 토지에서 이산화탄소를 포집하는 역할을 해 주는 것이 미생물인데, 대규모 대두 재배에는 화학비료가 필수적으로 사용되기 때문에 토양미생물 또한 대부분 죽고 마는 것이죠. 토지의 질이 나빠지고 사막화를 일으킵니다.

또 노지에서 대량생산 방식으로 재배하기 때문에 기후변화에 갈수록 취약하다는 약점도 점점 더 커지게 될 것입니다. 가뭄이나 화재, 홍수 등등 기후재난이 갈수록 빈번해지잖아요? 그렇다면 대두의 수확과 공급에도 차질을 빚을 가능성이 커지는 것이고, 콩을 주원료로 하는 식물성 대체육의 가격은 도리어 더 높아질 수도 있습니다. 대기에 이산화탄소CO_2 농도가 높아지면 식물 내 단백질 함량의 비중이 축소되기도 합니다. 동물성 단백질을 대체할 수 있을 만큼의 대두를 생산하려면 그만큼 많은 대지를 활용해야 하는데, 또 그만큼이나 대기의 이산화탄소 비중을 높일 수 있기에 단백질 함량이 줄어들고 만다는 딜레마에 빠지게 되는 것입니다.

재배 이후에도 여전히 민감한 문제가 발생합니다. 아무래도 콩으로 만든 인공 고기의 식감에는 한계가 있기 마련이거든요. 그러다 보니 적지 않은 첨가제들이 들어가고 있어요. 그 첨가제들을 꼼꼼히 살펴보면 GMO Genetically Modified Organism(유전자 변형 농산물) 이슈까지도 포함되어 있습니다. 비건 식품이라는 광고 효과만 취할 뿐 실제로는 가공식품의 끝판왕인 경우가 많아요. 앞으로 콩고기를 구입할 때는 반드시 성분 확인을 해 보시길 권합니다. 화학 실험 기구 목록을 읽는 것 같은 기분이 드실지도 모릅니다. 즉 이런 사안들을 종합적으로 고려한다면 콩 기반 식물성 대체육이 과연 친환경적이며 건강한 먹을거리인가 판단이 쉽지 않은 것이죠. 저는 비건 시장에 속속 진출하는 대기업, 대자본들의 녹색 이미지 세탁, 그린 와싱 Green Washing 혐의가 적지 않다고 생각합니다.

이병한 | 제가 처음 대표님 뵙고 이 사업이 가능성이 있겠구나 싶었던 것은 버섯 특유의 식감 때문이었습니다. 버섯은 본래 고기 못지않게 고유의 씹는 맛이 있지 않습니까? 저는 개인적으로 버섯전골을 먹으면 고기보다 버섯을 더 많이 먹는 것도 같고요.

사성진 | 버섯의 균사체를 배양한 대체육이라고 해서 버섯의 텍스처가 그대로 고기 식감으로 가는 것은 아닙니다. 자실체를 쓰는 것이 아니니까요.

이병한 | 그런가요? 그건 좀 많이 아쉬운 것 같습니다.

사성진 | 다만 근섬유 모사를 통한 텍스처 만들기는 콩보다 버섯이 훨씬 유리한 것이죠. 그만큼 대체육의 한계를 보완하기 위해 투입되는 화학첨가물은 줄어들 수 있을 것이고요.

이병한 | 대체육이 있고, 또 배양육이라는 것도 있지 않습니까. 발표 자료에 보면 2018년 식물성 대체육에서 2030년 배양육으로 가는 이행 단계에 마이셀프로젝트를 위치시켰던데요. 그럼 현재의 사업모델은 중간 단계로 이해해도 되는 것일지요? 2030년이 되면 3D 프린터를 이용해서 각 가정에서 직접 배양육을 만들어 먹을 수 있다는 전망도 나오더군요.

사섬진 일단 현재의 기술적 수준에서 배양육은 모순이 너무나 많습니다. 동물세포를 실험실 안에서 배양하는 데에는 소태아의 혈청(血)이 반드시 필요합니다. 말 그대로 태어나기 전의 소태아에서 혈청을 뽑아내서 줄기세포를 증식시키는 것이죠. 소태아 혈청은 도살장에서 갓 잘라낸 소 태아의 박동하는 심장에 바늘을 찔러 넣어 추출해요. 태아가 죽을 때까지 약 5분 동안 심장에서 피를 뽑아내고 그다음에 혈청을 추출하는 것이죠. 혈청에는 세포와 혈소판 혹은 응고인자는 없지만, 세포가 증식하게 하는 영양분과 호르몬, 성장인자는 있기 때문입니다. 백신을 개발하거나 암과 에이즈 치료제 개발 등 의학 연구에서는 필수적인 재료입니다. 즉 배양육의 수요가 늘어난다면 그만큼이나 많은 소의 태아가 필요하다는 말이 됩니다. 기왕의 공장식 축산에서 '고기로 태어난' 동물들의 비극적 삶이 문제였다면, 배양육은 '태어나지도 못한' 소가 오로지 혈청 제공의 수단으로 전락한다는 모순이 생깁니다. 생명의 가치와도 위배되는 것은 말할 것도 없지요.

게다가 소태아 혈청은 무척 비쌉니다. 1리터에 70~80만 원을 호가해요. 최초로 배양육 패티를 쓴 햄버거 하나를 생산하는 데 50리터의 혈청이 필요했다고 해요. 어처구니없을 만큼 비싼 햄버거였던 까닭이지요. 3D 프린터 역시도 비용적인 측면에서 아직은 한계가 있습니다. 동물 세포의 그물망을 만들어 3차원으로 증식시켜서 고기 형태를 조합해 내려면 굉장히 면적이 큰 프린터가 필요하거든요. 저는 굳이 단백질 공급을 위해서 대면적 3D 프린터를 만드는 것이 과연 합리적일지 의문입니다. 오히려 의료형 인공 장기를 만드는 쪽으로 기술을 고도화시키는 게 더 의미가 있겠죠.

이병한 그렇군요. 스마트팜도 비슷한 문제가 있는 것일까요? 생태적으로, 또 경제적으로?

사성진 현재의 기술 역량에서 스마트팜의 최대 문제는 주식이 나오는 것이 아니라는 점이겠죠. 쌀이나 보리, 밀 등 주요 식량을 키우기는 힘들어요. 상추 같은 잎채소나 방울토마토 정도가 적당한 단계죠. 스마트팜은 어디까지나 보완의 영역이지 대안이 되기에는 아직 갈 길이 멀다고 생각합니다.

이병한 균사체 기반의 단백질 공급의 미덕으로 '고유균'이라는 점도 꼽으셨던데요. 우리나라 우리 땅에서 자라는 토종 버섯으로 만든다는 뜻인가요?

사성진 그렇습니다. 외국의 버섯을 사용하려면 생물다양성 협약에 근거해서 라이선스를 지급해야 합니다. 저희는 오로지 국내의 균사체만 배양하는 것이죠. 그래서 더욱 생태적인 의미도 크다고 생각해요. 기존의 동물성 단백질은 말할 것도 없고 콩 기반 식물성 단백질 또한 탄소발자국이 꽤 길었거든요. 균사체 기반 단백질은 로컬에 기초하기에 탄소발자국을 극적으로 줄일 수 있는 것입니다. 또 다른 측면에서 저희가 만드는 인디펜던트 테이블이 외국에서도 소비된다면, 우리나라의 고유균을 해외로 수출한다는 의미도 품는 것이죠. 그래서 농촌진흥청에서도 관심을 기울여 주실 만한 사안이라고 생각합니다.

이병한 한국이 버섯 재배에 유리한 나라인가요?

사성진 꼭 그렇지만은 않습니다. 아무래도 고온다습한 나라가 미생물 다양성이 더욱 풍부하죠. 다만 버섯 균사체는 토양을 직접 사용하는 것은 아니니까요. 주로 산림 바이오매스, 쉽게 말해 톱밥을 사용해 배양하는 것이죠. 한국은 전체 국토 면적의 7할이 산이잖아요. 스마트 포레스트 Smart Forest, 미래형 임업과도 접점을 만들어 낼 수 있습니다.

이병한　잘 알겠습니다. 주로 대체육에 대해서 많은 이야기를 나누었는데요. 마이셀프로젝트의 주력 제품군에는 비건 가죽도 있잖아요. 이쪽으로도 설명해 주시면 좋겠습니다.

사성진　제가 원래 자동차 회사의 엔지니어였잖아요. 대체 가죽은 당시부터 줄곧 관심을 가졌던 분야입니다. 기존의 가죽 산업은 기업형 목축의 부산물 산업이고 블랙스미스 Blacksmith[7]가 선정한 세계 3대 오염산업 중 하나입니다. 버섯균사체를 통해 동물 가죽의 원피를 대체하는 소재를 만들 수 있습니다. 그리고 천연바이오플리머를 원피와 결합시켜 기계적인 물성을 증가시켜서 가죽화하는 기술을 개발해 낸 것이죠. 좌석부터 핸들까지 자동차에 의외로 가죽 제품이 많이 필요합니다. 이 시장 또한 파괴적 혁신으로 돌파구를 낼 수 있지 않을까 전망합니다.

이병한　비건 패션도 한창 뜨던데요?

사성진　맞습니다. 저희들에게도 아티스트나 디자이너들의 협업

7　미국 뉴욕에 기반을 둔 비영리 연구소(Blacksmith Institute)로 고농도의 독성 오염이 건강에 치명적인 영향을 미치는 저소득 및 중간 소득 국가의 오염 문제를 식별, 정화 및 해결하기 위해 노력하고 있다. 블랙스미스가 운영하는 홈페이지로 PURE EARTH(www.pureearth.org)가 있다.

문의가 자주 들어와요. 안경점 공간 디자인을 비건 가죽으로 해서 이미지를 제고하는 경우도 보았습니다. 생물 소재를 사용하는 독특함에서 비건 디자인 고유의 아이덴티티를 추구하는 것이죠. 균사체를 통한 지속가능한 디자인이라고 할까요? 저희도 설치 미술가 등과 협력해 전시회를 열어 보고 싶은 생각도 있습니다. 메이저 패션업체들이 선도적으로 시장을 개척해 준다면 오히려 이쪽에서 대체육 시장 이상의 더 큰 사업적 기회가 열릴 수도 있지 않을까 전망하고 있습니다.

이병한　예술 쪽에서는 바이오아트 Bio Art라는 개념도 등장했더군요. 정말로 마이셀프로젝트 한 기업을 위해서가 아니라, 온 나라와 온 생명 전체를 생각해서도 하시는 일이 잘되었으면 하는 바람이 큽니다. 그럼에도 스타트업을 꾸려 나가려면 어려움 또한 적지 않으리라 예상되는데요. 어떤 점이 가장 힘드실까요? 혹은 어떤 식의 도움이 가장 필요하신가요? 마침 정부도 K-뉴딜의 한 축으로 그린뉴딜을 꼽고 있기도 합니다.

○○○○○ **농민과 엔지니어**

사성진　과찬이십니다. 가야 할 길이 아직 멉니다. 역시 자금 문제죠. 저희 사업 아이템을 들으시면 긍정적인 반응이 많긴 하거든요. 돈 많이 벌겠다. 혹은 돈은 조금 덜 벌더라도 굉장히 의미 있는 일이 되겠다고 평가해 주시죠. 그런데 학자가 아닌 이상 비전만 훌륭하다고 되는 일이 아니잖아요. 시장에 진입해야 하고 또 상품으로서 성공하는 것이 관건이죠. 그리고 시장 진출 이전에 기술적 완성도를 높이는 과제가 있기에 투자금은 항상 부족한 형편이고요. 통장 잔고가 비어 갈수록 경영자로서 초조하지 않을 수 없습니다. 2020년 3월에 창업해서 여러 차례 고비를 넘겨 왔는데, 특히 10월 무렵 약속된 투자가 철회되었을 때는 정말 큰 위기감을 느꼈어요.

다른 한편으로는 자금 못지않게 우리 회사 내부 문제도 고민하게 됩니다. 투자금이 유입되면 엔지니어 고용을 늘릴 수 있고 그러면 상품 개발도 더 빨라지고 하는 선순환이 이루어지겠지만, 과연 내부적으로 준비가 덜 되어 있는 상태에서 거액이 투자되었을 때 조직 운영이 원활할 것인가의 숙제도 있는 것이죠.

이병한 문외한이라서 그럴까요. 그린뉴딜 등등 그린테크로 돈이 돌면서 굉장히 주목받으실 것 같은데요? 그린뉴딜에 대해서는 어떻게 생각하시는지요?

사성진   정부에서 발표한 그린뉴딜 사업과 2050년 넷제로^{Net} Zero[8] 선언은 저희 사업과는 좀 거리가 있습니다. 정부 정책은 그린 리모델링, 재생에너지를 포함한 그린에너지 사업 등으로 구성되어 있는데요. 그런데 그린 리모델링 관련 부분을 꼼꼼히 살펴보면 이미 10여 년 전 MB정부에서 '녹색성장'으로 포장되어 제안된 내용들이 다수라 그다지 새로울 것이 없더라고요. 그린뉴딜과 넷제로 선언에서 핵심은 온실가스 감축이지 않겠어요? 그런데 이를 기존 산업 시스템 안에서 해결하려다 보니 탄소배출 감축에 기여하는 새로운 산업이 고려되어 있지가 않습니다. 원가 절감을 중시하는 기존 산업모델로는 혁신적인 절감책을 만들어 내기 어렵거든요. '그린뉴딜'이라는 이름이 가지고 있는 상징적 파괴성에 비하여 디테일이 부족하다고 생각합니다.

저희로서야 대체산업에 대해 더 큰 관심을 주고 육성했으면 하는 바람이지요. 마이셀의 균사체 기반 가죽은 기왕의 천연가죽 산업과 비교하면 온실가스 배출량이 1퍼

---

8   흔히 '탄소중립'이라고 통용되는 말이다. 개인이나 회사, 단체가 이산화탄소를 배출한 만큼 이산화탄소를 흡수하는 대책을 세워 이산화탄소의 실질적인 배출량을 '0(zero)'으로 만든다는 개념이다. 탄소중립화와 순배출 영점화(net zero), 탄소 제로(carbon zero)라고도 한다. 온실가스 배출량을 계산하고 배출량만큼을 상쇄하기 위해 나무를 심거나 석탄, 화력 발전소를 대체할 에너지 시설에 투자하는 등의 활동을 통해 이산화탄소 배출량을 상쇄하는 방식을 말한다.

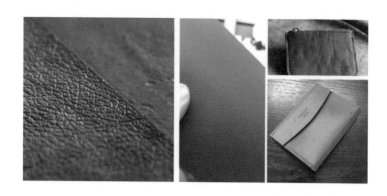

센트 정도밖에 되지 않거든요. 또 거기서 나오는 부산물로 목질 기반의 균사 복합재로 벽장재용 타일을 대체할수도 있고요. 그러면 그린 리모델링 부문에도 시너지를낼 수 있겠죠.

이병한 기존 가죽산업의 1퍼센트까지 탄소배출을 줄일 수 있다니, '파괴적 혁신'이 아닐 수 없군요.

사섬진 그린 및 탄소 관련 정책에서 왜 농업이 빠졌을까 추측해보면, 한국의 농업 규모 때문이 아니었을까 싶어요. 산업사이즈 자체가 작기 때문에 탄소 절감에 대한 기여도도적을 것이라고 판단을 내릴 수 있겠죠. 그런데 이런 접근은 크게 두 가지 측면에서 아쉽습니다.

먼저 기후위기로 농업 생산 및 식품 안정성·접근성에 대한 우려가 날이 갈수록 높아진다는 점입니다. 2012년부터 영국 주간지 〈이코노미스트〉에서 '세계식량안보지수 Global Food Secuity Index-GFSI'를 발표하고 있는데요. 정작 농경지도 별로 없는 도시국가 싱가포르가 1위거든요. 반면에 식량자급률이 낮은 한국은 매우 위험한 국가군에 속해 있습니다. 싱가포르 사례에서 알 수 있는 것처럼 기존의 농업에 대한 시혜성 지원보다는 미래농업 R&D에 대한 공공 부문의 과감한 투자가 매우 중요하다고 생각합니다. 다른 하나는 경제성과 관련된 부분인데요. '스마트팜' 관련 농업-IT 융합 스타트업이 해외에서 큰 성과를 거두고 있거든요. 농업 기술에 대한 도전적인 투자로 탄소배출 감소뿐만이 아니라 경제적인 성과도 낼 수 있죠. 기술 표준화를 빨리 이루어 내면 해외 수출까지 가능한 그린테크들이 많습니다.

이병한 본인이 농민이라고도 생각하시나요?

사성진 기존 버섯농업 기술 혹은 발효기술을 이용해 식품 원재료와 가죽 원재료를 만들어 내는 일을 하고 있으니까요. 큰 틀에서 보자면 농축산업에 종사하는 사람입니다. 농민이죠.

이병한　미래 농업을 '6차 산업'이라고도 하던데요. 미래형 신 농민이시군요?

사성진　산업 경계가 무너지기 시작한 것은 꽤 오래되었습니다. 기존의 산업 분류로는 더 이상 농업이나 바이오산업을 정의하기 어려워요. 제가 좋아하는 수퍼빈이라는 회사도 플라스틱 쓰레기를 재활용하는 회사지만, 동시에 인공지능 및 물류 회사이기도 하는 것처럼요.

요즘 '부캐'가 유행이잖아요? 저 또한 흙을 만지며 텃밭을 가꾸는 일을 직접 하고 있기에 전통적인 농업인에 가깝죠. 기술 스타트업을 운영하고 있지만, 동시에 자연농과 생태 공동체에도 관심이 많고요. 실은 올해 제 가장 큰 고민도 회사 운영과는 별개로 '저희 집 500평 텃밭을 어떻게 꾸려 나갈까'예요. 직접 농사를 지어 보면 기후변화를 실감하거든요. 누구에게 무엇을 길러서 선물할까를 생각하며 텃밭을 가꾸는데, 작년에는 비가 너무 많이 와서 깨 농사가 잘 안 되었어요. 최근에는 토양미생물 공부도 병행하고 있습니다. 제 처와 세 딸과 농생태학을 공부해서 파머스 마켓이나 생태정원처럼 의미 있는 실험 공간으로 만들어 보고 싶어요. 학생들이 체험학습을 해도 좋을 것 같고요.

저는 마이셀이 정말 잘되면, 연구소도 산에다 짓고 직원들 집도 생태건축으로 만들어서 함께 살아가고 싶습니다. 직원들이 곧 주민이고 기업이 곧 공동체가 되는, 회사의 지향과 구성원의 삶의 지향이 최대한 합치하는 방향으로 이끌어가 보고 싶어요.

이병한 마이셀프로젝트도 농업 부문의 지원 수혜가 가능한 것인가요?

사섬진 정부에서 농업에 지원하는 자금이 꽤 많은데요. 저희 사업은 전통적인 농업으로 분류하기 어려워서 혜택받기가 애매합니다. 마이셀이 전통적인 농산물을 만드는 것이 아니기 때문이기도 하고, 기존의 산업분류표로는 저희 사업을 정확히 정의하기도 어려운 것이죠. 이 부분에 대해서는 관점의 전면적 전환과 정책의 재설계 등 공적인 도움이 절실합니다.

이병한 스마트팜도 그런가요?

사섬진 스마트팜은 생산물이 농산물인 데다가 농업의 틀 안에서 기술을 고도화한 것이라 농업으로 분류됩니다. 농민들 입장에서는 애그리테크를 지원하는 것이 용납이 안

될 수도 있어요. 하지만 기술 수혜를 농민과도 공유할 수 있는 길을 찾는다면 공학과의 접목을 수용해 주실 수도 있지 않을까요. 점점 융복합 산업에 대한 정책 지원도 많아질 것으로 알고 있고요 다만 농업 지원이 한두 가지 곡물에 바탕한 식량자급률로만 고민되는 지점은 안타깝죠. 저희와 같은 농업과 공업이 결합된 미래생명산업은 새로운 접근법으로 지원하고 투자도 해 주셔야 할 것 같아요.

이병한 산업의 진화 속도에 견주어 제도 진화가 따라가지 못하는 것으로군요. 아쉽습니다. 바이오산업은 한창 각광받고 있는 영역이지 않나요?

사섬진 바이오산업은 레드바이오라고도 하는 의료나 제약 쪽에 관심이 쏠려 있습니다. 블루바이오는 청정에너지 쪽인데 정부 지원이나 투자가 제법 일어나고 있는 부문이고요. 농업 부문과 관련된 그린 바이오 쪽은 상대적으로 소외되어 있죠. 그린 바이오의 핵심인 미래농업이 활성화되기를 간절히 바라고 있습니다. 저희가 하는 균사체 배양 농업은 청정에너지 산업과 비슷한 것이거든요. 석탄과 석유를 채굴해 왔던 것을 신재생에너지로 전환해 가는 것처럼, 동물의 살에서 적출해 왔던 단백질을 기술을 통해 대체해 가는 것이니까요. 궁극적으로는 생태농업과 연결될 수 있는 기술적 진화에도 일조하고 싶습니다.

__이병한__ 농민이자 엔지니어, 농업과 공업을 융합시켜 기왕의 생태주의를 넘어서 생명산업을 일구어 가는 선구자라고 정리해 보고 싶습니다.

○○○○○ **로컬의 진화 : 제로마이프로젝트**

__이병한__ 2020년에는 '인디펜턴트 테이블'이 출시되겠죠? 마케팅 전략도 궁금합니다. 매우 뛰어난 본부장을 영입했다고 알고 있습니다. 스페인 축구 4부 구단을 인수해서 3부로 승격시킨 스포츠업계에서는 전설적인 경력을 가진 분이죠. 아시아인 구단주는 그분이 스페인 최초였던 걸로 알아요. 처음부터 글로벌 마켓을 겨냥한 것이었을까요?

__사성진__ 박영곤 본부장의 역할이 매우 중요합니다. 그분을 제외하면 회사 구성원 전원이 모두 엔지니어이기 때문이죠. 공장과 시장을 연결하는 커넥터입니다. 아시아에서는 싱가포르 같은 글로벌 시티가 대체육 시장이 가장 활성화되어 있습니다. 국내 시장 규모가 크다고 말할 단계는 아니기 때문에 자연스레 해외 시장까지 염두에 두고 있는

것이죠.

다만 저희가 정말로 중시하는 지점은 글로벌 밸류 체인을 만드는 것보다 로컬에 집중하는 것이에요. 코로나 팬데믹을 통해서 더 이상은 예전처럼 수요 예측을 기반으로 한 대량생산 체제가 안정적인 구조가 될 수 없음을 확인했기 때문입니다. 지난 30년의 세계화가 지고 지역화로 선회할 것이라는 전망이지요. 공항과 항만이 닫히면서 세계 곳곳의 농장과 공장에서 생산되어 전 지구적으로 유통되던 기왕의 식품 공급 체제가 한순간에 붕괴될 수 있음을 체감한 것입니다. 자연스레 로컬 중심의 생산과 소비가 가지는 회복탄력성이 한층 주목받고 있고요. 농업의 생산과 유통과 공급이라는 가치사슬이 어느 정도까지 지역화될 수 있을지 실험해 보고 싶습니다.

이병한 **구체적인 복안도 가지고 계시는지요?**

사성진 '제로마이프로젝트'를 기획하고 있습니다. 원재료 생산부터 가공과 유통과 소비까지를 한곳에서 모두 실현하는 공간을 만들어 보는 실험입니다. 기존의 축산업을 보면 농장 따로, 정육점 따로, 고깃집 따로잖아요. 호주산 소고기, 아르헨티나산 돼지고기 등 그 공간적 거리만큼이나 탄소발자국은 늘어나는 것이고요. 반면에 균사체 대체육은 한 장소에서 배양도 하고 조리도 해서 소비자에게 최종 음식으로 제공할 수 있습니다. 양양에 가면 커피 팩토리가 있잖아요? 커피가 생산되는 과정 자체를 노출하면서 카페를 운영하는 것인데요. 비슷한 콘셉트라고 생각하면 됩니다. 버섯고기 팩토리이자 레스토랑인 셈이죠. 발효기들에서 균사체를 키워 대체 단백질을 만들어 내는 모습도 볼 수 있고, 그 균사체 고기로 요리를 해서 직접 서빙도 하고 배달도 하는 것이죠. 또 배양 부산물 종류에 따라 목질 패널, 화장품 원료, 식품 원료들을 부가적으로 생산할 수 있으니까, 지역에서 다양한 산업생태계를 만들 수 있습니다. 꼭 하고 싶은 사업이에요.

이병한 획기적인데요? 춘천에 가면 스퀴즈 브루어리라는 맥주 펍이 있습니다. 양조장과 호프를 결합시킨 곳이죠. 거기서도 맥주가 만들어지는 과정을 그대로 눈으로 볼 수가 있어요. 춘천을 보통 '봄의 도시'라고 하는데, '천'자가 새겨진 것처럼 물의 도시이기도 하지 않습니까. 그 풍부하고 깨끗한 물로 로컬의 고유한 맥주에 '춘천 IPA', '소양강 에일' 등으로 브랜딩하여 판매하는 것이죠. 이제는 로컬 기반의 대체육 공장 겸 레스토랑을 만든다고 하니, 참신한 도전이 아닐 수 없습니다. 그린뉴딜에 로컬뉴딜까지 결합하는 K-

뉴딜의 모델 비즈니스 같네요.

사섬진 각 지역마다 맥주 양조장이 있으면 수제 맥주로 특화될 수 있잖아요? 양조장이라는 게 세포 배양이 일어나는 바이오 리액터죠. 이제 거기서 맥주만이 아니라 고기도 배양하고 가죽도 키워내는 것입니다. 식물성 가죽으로 인테리어한 '그린그린'한 레스토랑에서 식물성 고기로 식사하는 것이죠. 상상력을 조금 더 발동하면 식물공장과도 결합해 볼 수 있을 것 같아요. 균사체 고기를 배양하는 과정에서 미생물이 미량의 이산화탄소를 배출하기는 하거든요. 그것까지도 잡아먹는 탄소중립 공간, 조금 더 나아가면 탄소를 절감시키는 탄소 네거티브 공간으로 만들어 볼 수도 있습니다.

이병한 스퀴즈 브루어리는 춘천시의 지원이 있었다고 들었습니다. 준비하시는 제로마이프로젝트 또한 지자체와 적극적으로 결합해서 실험해 볼 만하다는 생각이 드네요. 마침 여주 시장님도 드물게 환경운동을 한 걸로 아는데요?

사섬진 네, 그렇습니다. 고향도 여기 강천 출신이에요. 제가 살고 있는 이 주변이 다 산이잖아요? 산림자원, 바이오매스를

•춘천의 스퀴즈 브루어리

통한 대체 단백질 생산에도 관심이 크거든요. 강천이 산
과 강 등 워낙 자연환경이 좋고 해서 새로운 마을의 전형
을 잘 만들어 보면 좋겠다는 바람이 있습니다. 기왕의 농
업이나 임업만 고수해서는 젊은 사람들이 유입되기는 힘
들 것이고요. '제로마이프로젝트' 같은 실험이 여기서 진
행된다면 분위기가 좀 달라질 수도 있지 않을까요? 여주
역까지만 연결되던 지하철이 강천까지 이어질 것이라고
도 해요. 그럴수록 더더욱 진화된 로컬의 미래를 보여 주
어야 하는 것이죠. 순환자원을 통한 환경마을이나 6차
산업 등으로 테마를 잘 잡으면 지역 경제에 보탬이 될 수

도 있다고 생각합니다.

이병한 **교육적 효과도 클 것 같습니다.**

사성진 맞습니다. 제가 제로마이프로젝트의 사회적 가치로 가
장 강조하고 싶은 대목이 그것이에요. 로컬비즈니스이자
미래형 교육 공간이 될 수 있는 것이죠. 미생물로 식물성
고기를 만들어 내는 경험을 서비스로 제공하는 학교 아
닌 학교라고 할 수도 있겠습니다. 그 생산과 소비 과정을
유튜브 라이브나 인스타그램 라이브 등 온라인으로 보여
줄 수도 있고요. 제로마이프로젝트를 미래 산업이자 미
래 교육의 플랫폼으로 전국 곳곳에 깔아 보고 싶습니다.

이병한 **근사한 비전입니다. 꼭 실현될 수 있기를 저도 염원하겠습니다.**

만사지식일완

혀끝에 뒷맛이 남아 있었다. 물컹한 식감도 되새김질해 보았
다. 솔직히 고무처럼 질기지도 않았지만, 고기처럼 씹는 맛이 썩

빼어난 것 같지도 않았다. 세 딸도 마찬가지라고 한다. 아빠가 실험실에서 만들어 온 버섯고기를 먹기는 먹지만, 여전히 생고기를 더 좋아한다고 한다. 그는 멋쩍게 웃었고, 나도 씩 웃었다.

혓바닥 돌기에 남아 있는 감각에 집중하다가 문득 송곳니를 전혀 사용하지 않았다는 사실을 자각하게 되었다. 분명 고기를 먹은 셈인데 어금니의 저작 기능만으로도 충분했던 것이다. 입안의 송곳니는 인류의 진화사를 속 깊이 품고 있다. 고기를 씹어 먹기 시작했던 그 태초의 출발을 내밀하게 감추고 있는 뼈다. 우리의 뼈로서 남의 살을 뜯어 먹은 것이니 육식은 곧 다른 종에 대한 인류의 우월감의 근원이라 해야 할지도 모른다. 육식은 늘 불과 힘과 남성성 등과도 밀접하게 연관되어 있었다. 즉 육식이 우리를 인간으로, 지구의 지배적인 종으로 만들어 주었다고도 할 수 있다. 고로 고기를 먹는 행위는 인류가 먹이사슬의 꼭대기, 최상위 포식자가 되었음을 확인하는 의례이기도 한 것이다.

실제로 인간은 고기를 불에 익혀 먹기 시작하면서 엄청난 에너지를 얻었다. 그 에너지로 커다란 두뇌를 가지게 되었다. 브레인의 퍼포먼스가 여타 종을 압도하며 생각하는 존재로 도약한 것이다. 고로 미래의 맛, 육식의 미래는 과학과 공학에 그치지 않는다. 인간이란 무엇인가라는 심오한 역사학적, 인류학적 문제다. 혹은 인간이란 무엇이 되어야 하는가 하는 미래학적, 철학적 과제다.

삐딱하게 보자면 식물성 대체 단백질의 보급은 인류의 진화에 대한 비관적인 관점에 기초해 있다. 식습관을 바꾸어 낼 능력이 없다고 보는 것이다. 삼시 세끼 채식을 통하여 기후위기를 극적으로 극복해 낼 수도 있지만, 세 살 버릇 여든 가는 밥상머리 교육이 이미 틀어진 고로 공학의 개입을 요청하는 것이다. 고기를 탐하는 우리의 욕망을 절제하는 어려운 길보다는 대안적인 인공 고기를 제공해 주자는 것이다. 그러니 굳이 힘들여 의지를 발동하여 행동을 바꾸어 낼 필요조차 없어진다. 과거에도 그랬듯이 앞으로도 똑똑한 과학자와 공학자들이 방법을 찾아내 줄 테니까. 미래에도 우리는 고기를 계속 먹을 수 있을 것이다. 어쩌면 더 자주 더 많이 먹어도 지구에 해를 끼치지 않을지도 모른다. 생명공학Bio Engineering에 지구공학Geo Engineering도 합세한다. 생태주의자들로서는 못마땅하기 그지없을 과잉 공학의 길로 들어서는 것이다.

그래서 나도 걱정이다. 20세기 초에도 인간은 조직적으로 동물의 품종을 개량하기 시작했다. 더 맛있는 고기를 더 많이 더 빨리 만들어 내기 위해 자연선택을 거스른 인간선택, 인공 개입이 난무했다. 동물을 향한 우생학의 발전은 곧장 부메랑이 되어 인간에게 되돌아와 인종주의의 근간이 되기도 했다. 조직적으로 동물의 살을 배양해 내겠다는 세포농업이 우리를 어디로 끌고 갈지 장담하기 어려운 것이다.

그러함에도 나는 마이셀프로젝트의 도전을 응원하는 쪽이다. 다시금 인간이라는 모순적 존재의 진화사에 바탕해 추론해 보자면 본인의 건강과 동물의 보호와 지구의 환경을 위해서 식단을 바꿀 사람의 비중이 절반에도 이르지 못할 것 같기 때문이다. 30년 후 지구의 미래를 생각하기보다는 지금 당장 3초의 미각적 쾌락에 기우는 것이 '인간적'이기 때문이다. 식탁에 앉아서 미래를 논하고 지구를 생각하는 일은 어쩐지 '비인간적'이다. 과연 학습과 습성으로 본능과 본성을 대체할 수 있을까? 그렇게 사람이 먼저 바뀌기를 기다리노라면 지난 30년의 반복, 돌림노래가 되지 않을까? 더 이상 그렇게 한가할 여유가 없다고 생각한다. 다음 10년이야말로 결정적인 분수령이 될 것인 고로, 우리는 정말로 사생결단 사활적으로 임해야 한다. 온 마음 온몸을 다하여 총력전을 펼쳐야 한다. '잡식동물의 딜레마'를 해결하는 데도 한 가지 방법에만 의탁해서는 리스크가 너무 큰 것이다. 잡다한 대안을 골고루 준비해야 한다. 그 가운데 하나로 사람들에게 고기를 주되, 다른 방식으로 생산하는 쪽이 첩경이 될 수도 있겠다. 새로움은 장착하고 해로움은 제거한 '미래의 맛'을 제공하고 '미래의 멋'을 선사하는 것이다.

과연 만사지식일완萬事知食一碗이다. 세상 모든 일이 밥그릇 하나에 모두 담겨 있다. 인류의 과거사가 밥 한 공기에 담겨 있고, 인류의 미래사가 밥 한 그릇에 달렸다. 육식과 채식 사이, 생태와 공학사이, 농업과 공업 사이, 인간과 동물 사이, 멸종과 회생 사이, 21세기 인류의 숙제가 죄다 밥상차림 하나에 걸려 있는 것이다.

스토리와 히스토리

'만사지식일완'은 동학쟁이 선조들이 즐겨 쓰던 말이다. 밥이 곧 하늘이라 하셨다. 하늘이 하늘을 먹는 거라 하셨고, 하늘로 하늘을 먹자고도 하셨다. 사람이 하늘이다人乃天, 만인이 하늘이라 이르셨을 뿐 아니라 만물과 만사도 하늘事事天 物物天이라고도 하셨다. 공교롭게도 여주는 동학과도 연이 깊은 땅이다. 2대 교주 해월 최시형의 묘소가 자리하는 곳이다. 하늘과 맞닿는 금사면 주록리 터 좋은 땅에 묻혀 계신다. 나는 이미 두 차례 방문했다. 헌데 여주는 해월만 묻힌 곳이 아니다. 세종도 모셔져 있다. 아름드리 세종대왕릉이 아리땁게 꾸며져 있다. 참으로 범상치 않은 곳이다. 나는 한국 문명사에 두 번의 빅뱅, 두 차례의 개벽이 있었다고 생각한다. 첫째가 한글 창제, 문자개벽이요, 둘째가 한글로 지은 독자적인 경전(『용담유사』) 창작, 사상개벽이다. 한글과 동학이 있었기에 한국은 중국의 아류가 아니라 한국이 될 수 있었다.

문자개벽과 사상개벽 다음에는 문명개벽이라 생각한다. 미래문명 신문명은 농업문명으로의 회귀도 아닐 것이며, 산업문명의 지속은 더더욱 아니 될 것이다. 농업과 공업의 공진화, 오래된 에코와 새로운 바이오의 공진화, 생명과 문명의 공진화로 말미암은 생명문명이 되어야 할 것이다. 생명문명으로 진화하는 길에 사성진 대표 같은 이는 보물이고 보배이다. 야심만만한 사업가라기보다는 절박하고 절실한 아비로 느껴졌다. 2030년의 포부를 물었더니, 살아남아 있기를 바란다는 대답이 돌아왔다. 본인도 건강하고, 가족도 건강하고, 이 지구도 건강하기를 소망한다고 했다. 그만큼 임박한 기후재앙을 크게 우려하는 것이다. 애당초 창업 또한 희망보다는 두려움에서 출발한 것이란다. 재깍재깍 대멸종의 초침이 멈춤 없이 달리고 있으며 예측한 것보다 훨씬 더 빨리 기후변화가 진행되고 있음에도, 시스템의 변화는 너무나 느리기 때문이다. 언제 어떤 식으로 대전환의 계기가 만들어질지 궁금하다고도 했다. 폭풍전야, 모순이 쌓이고 쌓여 폭발 직전임은 분명하기 때문이다. 그 결과 또한 걱정된다고 했다. 근대문명이 촉발한 모든 문제가 일시에 대폭발하면 불확실성 또한 극대화될 것이기 때문이다.

장래희망은 대기업 총수가 아니라 마을 이장이란다. 산골에 들어와 살다 보니 동네 이장이 마을 공동체에 미치는 파급력이 엄청나게 크다는 점을 실감하고 있다고 한다. 이장의 자질 여하에 따라 마을에 환경 유해 시설이 대거 들어올 수도 있고, 자연을 살리는 쪽으로 진화할 수도 있다. 유치원부터 초등학교 4학년까지 유년 시절을 보냈다는 여주에 대한 애정도 물씬했다. 아내분은 초등학교 단짝 친구에서 평생 가약 부부로 연을 맺은 사람이다. 함께 입시 열풍 바람을 타고 8학군 강남으로 이사 갔다가, 가정을 일구고 고향 같은 곳으로 되돌아왔다. 각박한 뜨내기들의 경쟁으로 삭막한 서울에서 탈출하여 토박이 정서가 가득한 여주에 뿌리를 내린 것이다. 그린뉴딜과 로컬뉴딜의 융합, 장래의 강촌 이장으로 적

임자가 아닐 수 없다.

　실제로 사성진 대표는 굳건히 땅에 뿌리를 내리고 하늘로 뻗어 자라나는 나무를 닮은 사람이었다. 과거의 틀로 보자면 사업가다. 경영자라고도 할 수 있고, 자본가라고 할 수 있을지도 모른다. 그러나 산업문명 시대의 좌와 우, 진보와 보수, 자본과 노동의 구분은 이미 낡고 닳은 구닥다리 패러다임이다. 그는 그 어떤 노동운동가보다 진지하게 체제의 전환을 고민하고 있었고, 그 어떤 생태주의자보다 환경을 염려하고 있었으며, 그 어떤 보수주의자보다 더 땅과 흙의 가치를 옹호하고 가족과 지역의 오래된 유산을 튼튼히 붙들어 매고 있었다. 탁자에 펼쳐져 있던 『뉴타입의 시대』라는 책과 2층 하얀 칠판에 쓰여 있던 "팬데믹 시기 우리 가족 생활 수칙"이 그의 캐릭터와 라이프 스타일을 고스란히 웅변하고 있다. 부디 훈훈한 창업 스토리에 성공 스토리까지 보태어 애그리테크, 그린테크, 어스테크Earth Tech의 선구자, 히스토리가 되기를 바란다.

　인터뷰를 마치고 서울로 돌아오는 길, 여주역까지 전기차를 태워 주었다. 기차에서 곰곰 복기하노라니 환경재단에서 발표했던 발표의 한 동영상이 떠올랐다. 꼭 이루어 내고 싶은 일이라며 국내 고유의 고등균류를 활용해 여러 종류의 플라스틱을 분해하여 다양한 산업 소재로 바꾸어 내는 모습이었다. 실제로 국내에서 발견된 '뮤코청양엔시스'라는 토종 곰팡이가 폴리카보네이트

Polycarbonate[9]를 분해할 수 있다고 한다. 아주 오래전 지구에는 죽은 나무들이 쌓여서 생명이 번창할 수 없었다고 했다. 그 나무 잔해를 분해하여 생명이 살아갈 수 있는 토양으로 바꾸어 낸 핵심 주역이 바로 곰팡이와 버섯균이었다. 이제는 그 균사체를 활용하여 지구를 가득 덮은 플라스틱을 분해해 내고 싶다는 것이다. 다시 생명의 기운이 생동하는 푸른 지구를 되살리고 되돌리고 싶은 것이다.

그러함에도 근본적으로는 플라스틱 자체를 줄여야 할 것이다. 여주 방문의 유일한 오점은 점심식사를 위해 들린 식당에서 사용한 일회용 종이컵이었다. 전원주택까지 걸어가는 1시간여 동안 찜찜함이 통 가시지 않았다. 실제로 코로나 탓에 도처에서 일회용품 사용이 도리어 폭발적으로 늘어나고 말았다. 그 산더미처럼 쌓여가는 쓰레기 문제를 해결하겠다며 두 발 벗고 나선 사람이 있다. 마린이노베이션 차완영 대표를 만나러 간다.

---

9 대표적인 엔지니어링 플라스틱이며 절연성, 내충격성, 가공성 등 기계적 성질이 우수하여 각종 기계, 전기 제품에 많이 사용된다. 투명하고 내충격성이 폴리염화비닐, 유리에 비해 대단히 뛰어나기 때문에 보통 판유리의 대체재 또는 유리를 쓸 수 없는 곡면 등에 많이 쓰인다. 버스 정류장이나 개량된 재래시장의 지붕, 각종 건축물의 외측 통로 등에서 흔히 볼 수 있는 휘어진 플라스틱 투명 지붕 등이 바로 이 소재로 되어 있다. 실생활에서 가장 많이 보이는 것은 안경 및 선글라스 렌즈, 오토바이 헬멧과 각종 스포츠용품이며 노트북이나 스마트폰 등의 소형 첨단 가전제품의 플라스틱 케이스로도 쓰인다.

바다야말로 미래이고 프런티어일지 모른다.
신대륙이 아니라 신대양을 주목해야 한다.
플라스틱 오션을 플랜트 오션으로 되돌리고,
플라스틱 플래닛을 플랜트 플래닛으로 되살리는
대반전의 사명을 품고 있는 단단하고 견실한 중견 기업이다.

2장

플랜트 오션 프로젝트

"블루오션, 바이오 플라스틱"

해조류 부산물의 새로운 탄생

MARINEINNOVATION
마린이노베이션

차완영 대표

"바다에서 발견한 플라스틱의 변신"

플라스틱 플래닛

2020년 코로나 팬데믹을 계기로 BC ^{Before Corona}와 AC ^{After Corona}로 역사가 갈린다는 주장이 있다. 그럴 수도 있으리라 본다. 그러나 꼭 그러리라고 단정하기도 힘들다. 번뜩이는 저널리스트 특유의 과장이 섞였다. 마이크로소프트의 CEO 사티아 나델라^{Satya Nadella}의 진단이 더 실상에 가깝다고 여긴다. 2년에 걸쳐 전개될 변화가 2달 만에 진행되었다. 가정부터 학교와 직장은 물론이요, 나라의 경영과 글로벌 거버넌스까지 디지털 트랜스포메이션이 초가속으로 단행된 것이다. 하더라도 어디까지나 산업적 전환을 앞당긴 것이지, 문명적 전환이라고 평가하기에는 미흡하다. 산업문명의 네 번째 국면도 아니요, 농업문명으로의 복고적 회귀도 아닌 생명문명으로의 창발적 도약이 가능할지 주시하게 된다.

굳이 2020년을 지구사의 한 변곡점으로 확정한다면 그것은 2020년이 인공물의 무게가 자연물의 무게를 넘어선 첫 번째 해라는 점일 것이다. 인류가 생산하거나 건설한 인공물의 무게가 1.1 테라 톤에 이르렀다고 한다.[1] 듣도 보도 못한 '1테라 톤'은 1조 톤을 일컫는다. 그간 인류가 만들어 낸 사물의 무게가 1조 1천억 톤에 육박한 것이다. 자연적 진화의 소산으로 지구에 번성하고 있는 생물의 총 무게는 1테라 톤에 그친다. 물론 인공물과 자연물의 규정에 따라 다소간 오차가 있는 모양이다. 특히 인공물에 폐기물을 뺐다는 점은 논란의 여지가 크다. 그러함에도 장기적 대세에는 큰 변동이 없지 싶다.

인공물의 무게는 21세기, 지난 20년 동안 두 배로 증가했다. 백 년 전, 20세기 초반에는 인공물의 무게가 자연 생명체의 고작 3퍼센트에 그칠 뿐이었다. 불과 한 세기 만에 사물과 생물의 비중이 역전된 것이다. 인공물의 증가가 생물의 감소에 박차를 가하고

---

1 론 밀로 이스라엘 바이츠만연구소 식물 및 환경과학부 교수 연구팀은 인류가 지금까지 만들어 온 인공물의 총 질량이 현재 전 세계 생물의 총 질량인 약 1조 1천억t을 2020년 처음으로 초과한 것으로 추정된다는 연구결과를 국제학술지 〈네이처〉에 발표했다. 이번 분석은 인공물 중 인간이 버린 쓰레기를 제외한 결과다. 인간이 버린 쓰레기 중 소각과 재활용을 거친 경우를 제외한 양을 포함하면 인공물 총 질량은 2013년 이미 전 세계 생물량을 초과한 것으로 나타났다. 연구팀은 이러한 추세가 계속되면 20년 뒤인 2040년에는 인공물 총 질량이 지금의 약 3배인 3조t를 넘길 것으로 추산했다.

있기도 하다. 6번째 대멸종이 진행 중이라는 무시무시한 예까지 들 필요도 없겠다. 백 년 사이 식물의 무게만 해도 2조 톤에서 1조 톤으로 반 토막이 났다. 오로지 인간들이 식량으로 사용하는 몇몇 작물과 과일만 기하급수적으로 증가했을 뿐이다.

이러한 추세가 지속된다면 앞으로도 매년 인공물은 300억 톤씩 증가할 것으로 보인다. 다시 20년이 흐른 2040년 무렵에는 3테라(3조) 톤에 도달하게 된다. 인공물의 상징이라 할 플라스틱만 하더라도 지구상 모든 육지와 해양의 생물 무게를 합한 것보다 무거워질 것이다. 그야말로 인간이 주조한 인공 지구, '플라스틱 플래닛 Plastic Planet'이 되는 것이다. 고로 여느 생태주의자들이 고답적으로 되풀이하는 것처럼 인류는 지구상의 수많은 생물 가운데 하나에 그치지 않는다. 결코 미미하고 작은 존재가 아니다. 지구의 46억 년 진화사를 통하여 이러한 생물은 등장한 적이 없었다. 한 시절 공룡이 지구를 호령했다 한들, 인공물까지 만들어 지구 표면을 온통 뒤덮지는 않았던 것이다. 전대미문의 사태이고, 전무후무한 환경이며, 전인미답의 지구이다. '인류세'라는 일각의 지질학적 호명이 결코 과장이 아닌 까닭이다.

인간의 생활이 늘 자연과 밀접했던 것처럼 동시대 인류의 삶은 인공물과도 떼려야 뗄 수 없는 관련을 가진다. 플라스틱이 대표적이다. 1981년 내가 세 살 때 먹은 요구르트 병이 아직도 지상 어딘가에 묻혀 있거나 해상 '어드메'를 떠돌고 있을 것이다. 내가 태어난 해로부터 500년이 되는 2478년 무렵에야 지구상에서 영영 사라질 것이다. 얼마 전 내 아들이 먹고 버린 아이스크림 뚜껑도 2,500년은 되어야 없어질 것이다. 500년 지속하는 생물은 극히 드물다. 동물은 거의 없고, 식물 가운데서도 극히 일부의 장수 종에만 해당한다. 고작 100여 년 전에 등장한 신종 플라스틱은 변이를 거듭하여 지구 만물 가운데 유난히 폭발적으로 확산되고 있는 인공물이다.

인구증가에 비할 데도 아니다. 1950년 인류는 25억 남짓이었다. 2020년 현재는 80억을 헤아린다. 인구가 세 배 증가하는 동안 플라스틱은 150만 톤에서 4억 톤으로 늘어났다. 무려 27배나 증가한 것이다. 자연수명도 백 세 인생 인간을 훨씬 뛰어넘는다. 평균수명이 500년인 고로 국가의 흥망성쇠, 조선왕조의 일대기에 맞먹는다. 지구의 꼴을 이미 극적으로 변화시키고도 있다. 저 멀리 태평양 한복판에는 거대한 인공 쓰레기 섬, GPGP Great Pacific Garbage Patch가 만들어졌다. 우리나라 면적의 7배가 넘는다고 하는데, 앞으로 더욱 '성장'할 것이다. 여기서 파도에 쓸리고 햇빛에 쪼개지면서 5밀리미터 미만의 미세플라스틱이 만들어지고, 그것을 먹은 물고기들이 우리 식탁까지 올라와 일주일에 신용카드 한 장의 무게 5그램을 섭취하고 있다. '5G'가 만들어 가는 사람과 사물, 사물과 사물 사이의 초연결망 사회만큼이나, '5그램'이 상징하는 자연물과 인공물과 인물 사이의 연결망도 주목하지 않을 수 없겠다. 아니

후자는 생로병사에 직접적인 영향을 미치며 생사를 가를 수도 있는 죽고 사는 문제인지라 더더욱 관심을 기울이지 않을 수가 없다.

살고자 함은 생명의 본질이고 본능인 바, 인간 또한 가만히 두고만 보고 있지 않다. 부지불식간 '비건'만큼이나 '제로웨이스트'가 뜨고 있다. '플라스틱 프리', '에코 프랜들리'가 유행어가 되었다. 에코백에 텀블러를 들고 다니는 그린그린한 라이프 스타일도 주목받는다. 심플 라이프, 미니멀 라이프, 축소주의자, 무해한 일상도 인스타그램에서 가장 많이 전시·과시되고 있는 이미지들 가운데 하나다. 망원동의 알맹마켓, 성수동의 더피커, 제주도의 책방무사에 방문해 인증 샷을 올리고 '논밭상점'이나 '터치포굿' 같은 사이트도 방문자 수가 나날이 증가하고 있다. "MZ세대의 가치소비"라고 한껏 추켜세울 수도 있지만, 불편한 진실 또한 없지 않다. 가령 일회용 컵 하나 생산하고 처리하는 것보다 텀블러 하나 만드는 과정에서 발생하는 탄소가 훨씬 많다고 한다. 세척하는 데 드는 물까지 고려한다면 텀블러 하나당 1천 번은 넘게 써야 환경적 효과를 거둔다는 것이다. '물욕 없는 세계'가 '새로운 물욕'을 일으키는 역설도 기막히다. 이제는 친환경 제품을 경쟁적으로 소비한다. 기업도 재빨리 트렌드에 편승하여 구별 짓기 욕망을 증폭시키고 가열 찬 가치 소비를 가차 없이 부추긴다.

결정타는 다시금 코로나 팬데믹이다. 위생에 대한 강박으로 일회용품 사용을 더욱 선호하게 되었다. 사회적 거리두기의 여파로

홈 이코노미도 대세가 되었다. 온택트(온라인으로 즐기는 문화생활) 사회, 홈코노미와 집콕이 뉴노멀이 되자 쿠팡부터 마켓컬리까지 온라인 쇼핑의 거래액도 폭발적으로 늘어났다. 그 이상으로 성장한 사업이 있으니 바로 배달업이다. 혼밥, 혼술, 혼족, 1인 가구의 증가로 쓰레기양은 더욱 늘어만 간다. 셰프가 선망의 직업이 되고 요리 프로그램도 유행하고 있다지만, 정작 집에서 직접 요리해서 먹는 시간은 줄고 있다. 요리시간은 고작 한국인 평균 일주일에 3시간가량이다.[2] 반면 1인 가구는 월평균 5.8회, 2인 가구는 4.3회, 3인 이상 가구는 3.9회 배달 음식을 주문해 먹는다. 평균 배달 시간 20분을 위해 사용되는 비닐용지는 그 용도를 다하고 버려진 후 장장 26세기까지 지구 어딘가를 떠돌게 될 것이다.

'#플라스틱어택' 등 디지털 공간의 그 수많은 해시태그에도 불구하고, 현실계에서 작년에 버려진 플라스틱 쓰레기는 지난해보다 16퍼센트 더 증가했다. 'K-방역'의 성취를 자화자찬하는 반면으로, '배달의 민족' 한국은 1인당 플라스틱 사용량에서도 세계 으뜸을 차지했다. 티끌 모아 태산, 삼시 세끼의 위력으로 배달 강국 한국은 드높은 쓰레기 산을 총알처럼 빠른 속도로 쌓아 가고 있고, 드넓은 쓰레기 섬을 로켓처럼 만들어 내고 있다. 메이드 인 코리아

---

2   시장조사업체 GfK가 22개국의 15세 이상 남녀 2만 7천 명을 대상으로 국가별 요리 투입 시간을 비교·분석한 결과, 한국인이 일주일에 요리하는 시간은 3.7시간에 그쳐 대상 국가 중에서 가장 짧았다.(2015년 기준)

Made in Korea라고 쓰고, 플라스틱 플래닛의 선도국가, 기후 악당 국가라고 불러야 할 상황이다.

참으로 아이러니한 것은 비닐봉지가 처음 나왔을 때만 해도 나무를 쓰지 않아 친환경적이라며 열광했다는 점이다. 지금은 당연한 듯 한 번 쓰고 버리는 일회용으로 간주되지만, 애초에는 가볍고 오래 쓸 수 있는 봉투를 만들자는 취지에서 개발된 신소재 혁신 상품이었다. 플라스틱 역시도 조숙한 '동물권 보호'라는 고귀한 소명에서 출발했다. 당구공을 만들 때 사용했던 코끼리 상아를 대체하기 위해 발명한 인공물이었기 때문이다. 동물과 식물을 보호하고 환경을 보존하기 위해 만들어졌던 플라스틱이 이제는 동식물은 물론이요, 사람에게까지 치명적인 위해를 가하는 역설이 일어난 것이다. 새삼 소재의 역사, 재료의 역사, 물질문명의 역사를 되짚어 보고 곱씹어 보게 되는 연유다. 석유문명, 탄소문명, 플라스틱문명 이후의 신문명을 전망하는 데에도 필수불가결한 복기 작업이라고 하겠다.

플라스틱 라이프

새로운 사상이 새로운 세상의 씨앗이라고 생각하던 시절이 있었다. 생각이야말로 생활의 변화와 생산의 혁신의 출발이라고 여겼다. 세상을 조금 더 살아 보니, 도리어 거꾸로인 경우가 더 많았다. 그래서 누군가는 "물질이 개벽되니, 정신을 개벽하자"라고 말씀하셨던 모양이다. 물질이 정신을 규정한다는 말이 아니다. 물질이 정신의 근간이 된다는 뜻이렸다. 실제로 시대를 구분 짓는 단위에서 약여하게 드러난다. 석기시대, 청동기시대, 철기시대라는 명칭 모두에 소재의 이름이 들어가 있다. 최초의 인류는 석기나 목재처럼 자연에서 채집한 재료를 그대로 사용했다. 불의 발견 이후로는 철을 가공해서 주조할 수 있는 기술을 배우고 익혔다. 청동 검은 나무나 돌로 만든 조악한 무기를 가뿐하게 제압해 버리고 새로운 시대를 열어젖혔다. 땅속 깊이 파고들어 씨앗을 심을 수 있는 철기 괭이도 농업혁명을 촉발하여 인구가 증가하고 국가를 형성했다. 만물에 정령이 깃들어 있다는 애니미즘과 토테미즘은 만물을 주관하는 신을 따르거나 만물을 관통하는 이치를 따져 묻는 종교와 철학으로 진화해 갔다. 즉 생각만으로는 새로운 세상이 도래하지 않는다. 아니, 새로운 세상을 정리하는 사후 작업이 생각일지 모른다. 생활부터 바뀌어야 하고 생산이 먼저 달라져야 한다. 그리고 그 생활의 터닝포인트와 생산의 티핑포인트에 공히 재료의 혁신이 자리하는 것이다. 고로 문명 전환의 알파이자 오메가, 게임 체인저는 소재 혁명이라 하겠다. 재료부터 공들여 제련하고 나서야, 사상도 세련되게 가공할 수 있는 법이다.

실제로 원료는 만물의 기초다. 정치와 경제는 물론이요, 종교와 문화까지 온갖 삼라만상이 소재의 바탕 위에 세워진다. 줄곧 새로운 재료를 먼저 손에 넣은 자가 새로운 시대를 선도해 왔다. 전쟁의 역사가 곧 인류의 역사인 바, 전쟁의 승부를 가른 결정타 역시도 전략과 전술의 근간에 있는 무기였다 할 것이다. 거의 모든 고대 국가의 개창자가 무인武人이요, 거의 모든 근대 국가의 국부가 군인인 까닭이다. 그리고 이들은 공히 더 나은 소재를 만들기 위하여 당대 최고의 기술과 뛰어난 인재를 투입했다. 냉전기 미국이 나사NASA를 설립하고 우주 개발을 위해 천문학적인 자금을 쏟아부은 까닭이기도 하겠다. 그리하여 화학, 물리학, 야금학, 공학 등 다양한 영역을 가로지르는 '재료과학material science'이라는 새로운 학문 분야까지 생겨났다. 다시금 물질이 정신을, 재료가 제도를 선도한 것이다.

따지고 보면 인류의 3대 발명품이라 일컫는 것들도 모두 소재 산업이라 할 수 있다. 종이는 셀룰로오스Cellulose에 근간한다. 식물이 그린 어스Green Earth, 지구 표면을 뒤덮어 버릴 만큼 번성하는 데도 셀룰로오스가 있었다. 건축 자재나 연료가 되어 안온한 생활의 바탕이 되어 주었고, 모시나 무명 같은 의류의 원천이 되어 주었다. 종이가 초래한 파장 또한 이루 말할 수 없을 정도로 심대하다. 종이 발명으로 인류는 지식과 문화를 기록하고 전파할 수 있는 최초의 정보혁명을 경험한다. 중국 수나라에서 시작된 이래로 현재까지 1,500년이 넘도록 지속되는 관료제의 근간에도 종이가 자리한다. 종이를 먼저 발명했기에 과거제도가 시행되었고, 과거제가 지속되었기에 대규모 인재를 교육하는 고등 학문이 발달했다.

나침반의 발명에는 자석이 있었다. 광물 세계를 돌아보면 자석만큼 불가사의한 물질도 없다. 외부 에너지를 투입하지 않고도 다른 물체를 끌어당기는 물체가 자석 외에 또 존재하지 않기 때문이다. 실은 지구 자체가 거대한 자석이다. 지구 자기가 없었다면 지금처럼 생명이 번영하는 행성이 되지 못했을 것이다. 자석이 나침반으로 진화하여 대항해시대만 개창시킨 것이 아니다. 20세기 현대문명의 바탕에도 자석의 공헌은 혁혁하다. 종이를 대체한 신정보혁명의 출발에 자기 테이트Tate, 디스크가 자리하기 때문이다. PC에 기초한 정보화시대가 모바일로 만개하는 디지털시대로 이행하는 데에도 전자기의 역할은 다대했다. 인공지능, 사물인터넷, 자율주행 등으로 상징되는 데이터시대 또한 그 근저에는 여전히 자석들이 버티고 있는 것이다. 철을 끌어당기는 신묘한 마법의 돌을 발견한 이래로 달에서도 5G 통신이 터지는 현재에 이르기까지 자석은 늘 인류 문명 진화의 반려자였다.

이 세계를 축소시킨 소재로는 고무를 꼽을 수 있겠다. 타이어를 만들어 마차에 장착시킴으로써 자동차가 탄생할 수 있었다. 20세기 시공간 혁명에 고무가 있었다. 한편 세계를 확장시킨 소재로는 알루미늄을 꼽을 수 있다. 항공기에 이어 로켓 시대를 개창하여 인간의 거주 범위를 지구 밖 화성까지 확장하는 다행성 우주시대를 예고하고 있다. 인간은 이제 자연에 없는 재료를 조합해 내기도 한다. 탄소와 규소를 인공적으로 결합시켜 빚어낸 실리콘이 대표적이다. 반도체의 원료가 바로 실리콘이다. 규소 골짜기, '실리콘밸리'에서 만들어 낸 딥마인드는 이미 인간의 지능을 초월하는 인공지능시대의 도래를 예고했다. 다시금 앞으로 전개될 미래 또한 소재공학의 혁신으로부터 촉발될 것이라 예감하는 까닭이다. 글로벌 그린뉴딜이든, 그린스마트 K-뉴딜이든, 전기차와 수소차의 배터리를 개발하는 일도 태양광의 유기박막 패널을 제작하는 일도 재료산업에서부터 출발한다.

앞으로 만들어질 수많은 인공 소재의 원조이자 인공 지구의 왕중왕이 바로 플라스틱이라 하겠다. 플라스틱만큼 다른 재료의 영역을 빠르게 광범위하게 잠식해 간 재료도 없다. 목재와 도기, 철기와 유리까지 온갖 제품과 상품이 플라스틱으로 대체되었다. 가죽과 종이와 천도 마찬가지다. 플라스틱 Plastic은 본래 명사가 아니었다. '가능성 있는', '유연한'이란 뜻의 형용사였다. 말 그대로 어떤 형태로든 성형이 가능하고 변형이 자유롭다는 치명적인 장점을 보유하고 있다. 가볍고 튼튼한 데다 적은 비용으로 대량생산할 수 있다. 또 투명하게 만들 수 있으며, 다양하게 색을 입힐 수도 있다. 순수한 인공 재료여서 설계 방식에 따라 얼마든지 다양한 성질을 부여할 수 있는 것이다. 자유자재 변화무쌍하고 전천후 신출귀몰하는 플라스틱은 자연적 재료가 도저히 따라갈 수 없는 독자성과 독보성으로 그 존재감이 으뜸이었다.

그래서 오늘날 인류는 플라스틱 섬유로 만든 옷을 입고, 플라스틱 의자에 앉아 플라스틱 식기로 음식을 먹으며 플라스틱 카드로 돈을 낸다. 플라스틱 매체로 기록된 영상을 플라스틱 화면에 띄워서 플라스틱 렌즈를 통하여 감상한다. 플라스틱 플래닛의 비탄에는 이처럼 한없이 편리한 플라스틱 라이프가 있다.

바이오 플라스틱

플라스틱 프리, 제로웨이스트의 물결에도 플라스틱 없는 라이프는 단 하루도, 어쩌면 한나절도 가능하지 않을지 모른다. 그래서 대체 플라스틱을 만들자는 방향 전환이 일어나고 있다. 플라스틱 프리 운동을 비거니즘에 빗댈 수 있다면, 바이오 플라스틱 생산은 대체육 개발에 견줄 수 있을 것이다. 적지 않은 스타트업과 대기업들이 바이오 신소재 산업에 뛰어들고 있다. 주로 감자나 사탕수수, 옥수수, 밀, 쌀에서 전분이나 당분을 추출한다. 이 원료를 활용하여 완전히 생분해되는 바이오 플라스틱을 생산하는 것이다. 그러나 비용과 단가가 높고 물리 화학적인 성질이 기존 플라스틱에 비해 열악하여 사용 범위와 용도가 매우 제한적이라는 한계도 여전하다.

그중에서도 지상의 식물이 아니라 해상의 해조류에 눈을 돌린 참신한 생물 소재 스타트업이 눈에 띄었다. 그러고 보면 지구에는 뭍보다 물이 훨씬 넓다. 육지보다 바다가 훨씬 크다. '창백한 푸른 점 The Pale Blue Dot' 지구의 상징이 바다인 까닭이다. '지구地球'라는 단어부터가 지극히 인간 중심적인 발상이다. 지표면에서 인간이 살아갈 수 있는 터전은 1/10에도 미치지 못한다. 그러함에도 이 행성을 '지구'라고 명명한 것이다. 2/3를 넘는 광활한 영역이 바다인고로 수구水球나 해구海球라는 명명이 실상에 더욱 가깝다. 그린그린한 녹색 지구의 면적은 15퍼센트 안팎이지만, 블루블루한 청색 해구의 면적은 70퍼센트에 달하기 때문이다.

고로 바다야말로 미래이고 프런티어일지 모른다. 신대륙이 아니라 신대양을 주목해야 한다. 바다의 표면을 가득 뒤덮고 있는 플라스틱 쓰레기를 치우고 나면 수많은 해양식물, 해조류와 해초류가 무궁무진 자라나고 있다. 농업혁명도 산업혁명도 정보혁명도 모두 지면에서 발견하거나 발명한 소재에 근간해 있었다면, 도래할 미래문명 생명문명의 에센스·엑기스는 해양에서 끌어올릴 수 있을지 모른다. 저 푸른 바다에서 블루오션을 개척하고 있는 바이오소재 기업 '마린이노베이션'을 주목한 까닭이다. 플라스틱 오션을 플랜트 오션으로 되돌리고, 플라스틱 플래닛을 플랜트 플래닛으로 되살리는 대반전의 사명을 품고 있는 단단하고 견실한 중견기업이다.

어스테크 : 시장의 성화

본사가 공교롭게도 울산에 자리했다. 울산이 어떤 도시인가. 한국형 산업혁명을 상징하는 공업도시다. 조선업과 자동차는 물론이요, 석유화학산업의 메카 같은 곳이다. 바로 그 울산의 자유무역지역에서 바이오 플라스틱 개발에 전력을 다하는 신생 스타트업이 분투하고 있다. 새파란 하늘 아래 한낮에도 하얀 연기를 연거푸 내뿜고 있는 공단을 가로질러 경공업 2동 건물에 당도했다. 2층으로 올라가 사무실에 들어서려니 "다음 세대를 위한 올바른 생각과 행동"이라는 푸른색 기업 사명부터 눈에 박힌다. 실제로 차완영 대표는 반듯한 마음으로 번듯한 미래를 준비하는 올바른 기업가의 전형과도 같은 사람이었다. 묵묵하고 꿋꿋하게 13년을 다지고 묵혀온 마린이노베이션의 이야기를 들어 본다.

✿

이병한 　정말 훌륭한 일을 하고 계십니다.

차완영 　아닙니다. 저희뿐만이 아니라 대체 플라스틱 산업에 나서고 있는 업체가 갈수록 많아지고 있습니다. 경쟁사라고도 생각하지 않습니다. 협력하고 협업해야 할 파트너라고 생각합니다. 플라스틱 문제를 함께 해결해 가는 동반자가 되기를 바랍니다.

이병한 　그렇다 해도 차별점 또한 확실한 것 같습니다. 여타 기업들이 육상에 있는 원료를 주로 사용하고 있다면, 마린이노베이션은 기업명 그대로 바다의 혁신, 해양 자원을 활용하고 있는데요. 이러한 착상 내지 발상은 언제, 어디서, 어떻게 시작된 것일까요?

차환영 제 고향이 부산입니다. 부산 사나이로 자라났습니다. 어릴 때부터 바다와 가깝게 지냈죠. 해운대, 광안리, 송도 해변에서 수영하며 바닷속에 풍덩 빠져 살았습니다. 해조류도 자연스럽게 접할 수 있었고요. 그런 원체험들이 훗날 사업 아이템의 원형이 되었을지도 모르겠습니다. 대체 소재를 발굴하는 데 도움이 되지 않았을까 생각해보는 것이지요. 성인이 되어서는 현대 글로비스에서 근무했습니다. 신소재 및 해조류에 관심이 많아 인도네시아 자카르타 현지에서 3년간 머물며 동남아시아의 많은 섬과 발리, 롬복까지 여러 해안 지역을 둘러볼 수 있었죠. 해조류가 엄청나게 풍부하더라고요. 양식장도 적지 않았고요. 그런데 또 풍성한 만큼이나 버려지는 해조류도 많았습니다. 저걸 재활용하면 어떨까, 어떻게 재활용할 수 있을까를 궁리했습니다. 인도네시아에서 영감을 얻어서 현재의 사업으로 이어졌다고 할 수 있겠습니다.

이병한 고향도 해양도시이고 근무지도 해양국가였군요. 그러함에도 소재 산업의 원료로 해조류를 삼아야겠다고 결정하기까지는 남다른 특징이랄까, 장점을 발견해서이지 않을까 싶은데요.

차환영 시간과 속도에서 차원을 달리합니다. 가령 육지에 있는 식물 소재는 성장하는 데 기본적으로 1년이 걸립니다. 목재는 평균 30년이 필요하죠. 반면에 해상 식물인 해조류는 거의 40일 주기로 생장해요. 인도네시아 같은 동남아시아의 따뜻한 바다에서는 1년에 5모작도 가능합니다. 훨씬 더 빨리 훨씬 더 많이 생산할 수 있죠. 조금 더 많이 조금 더 빨리 제품화시킬 수 있다는 말이기도 하고요.

이병한 소재의 발견에서 사업의 착수까지에는 어떤 난관이 있으셨을까요?

차완영 일단 소재 산업은 단기간에 성과를 낼 수 있는 영역이 아닙니다. 웹을 만들거나 앱을 개발하는 디지털이나 IT 등과는 성격이 다르죠. 일단 원재료를 대량으로 구비해야 합니다. 100톤, 200톤이 아니라 몇천만 톤은 확보되어야 사업이 원만하게 굴러갈 수 있습니다. 재료의 대량 확보 다음에는 공장과 설비가 필요합니다. 재료를 제품으로 만드는 공간과 기술이 필요한 것이죠. 여기서도 어려움이 적지 않습니다. 원료 구입에 필요한 돈만 해도 적지 않기 때문에 저희 같은 스타트업으로서는 처음부터 설비를 갖추고 공장을 세우는 비용까지 감당하기는 힘들거든요. OEM으로 외주를 줄 수밖에 없는 형편인데 소재 자체가 낯설어서 꺼리는 사장님들이 많으셨어요. 설사 맡아 준다고 해도 저희가 원하는 품질이 잘 나오지 않는 문제점도 있었습니다. 대개 목재 소재를 가공하는 설비에 해조류를 넣다 보니 중간중간 찌꺼기도 끼고 냄새도 배고 하는 예기치 못했던 문제가 생기더라고요. 그걸 청소하는 시간과 비용도 만만치 않거든요. 비용은 늘어나고 생산 속도는 떨어지는 것이죠. 우리만의 독자적인 공장이 필요했습니다. 해조류 소재만 전담하는 별도의 장비를 구비하기로 결정했고요. 장비 구입을 위한 투자 유치에 전력을 다하고 있습니다. 2021년 50억 투자를 유치해서 덴마크의 하트만 장비를 들여온 후에는 자체 생산을 시작하려고 합니다. 이곳 울산에 입주한 까닭이기도 합니다. 지금 여기는 사무동인데, 바로 문만 열고 나가면 맞은편이 바로 전용 공장이에요. 높고 크고 넓은 바닥에서 미역귀를 건조하고 있습니다. 바로 훅 하고 바다 냄새가 끼쳐 오죠.

이병한 해조류 부산물이 낯선 소재라고 하셨는데요. 해외에서도 마찬가지인가요?

차환영 해조류 부산물을 원소재로 삼는 기업은 아마 전 세계에

서 마린이노베이션이 유일할 겁니다. 추출물로 하는 기업은 몇 있습니다. 유튜브에 접속하면 해조류 추출물로 상품을 만드는 이벤트성 동영상도 찾아볼 수 있습니다. 단점은 비용적인 측면이죠. 추출물 자체 원재료가 비쌉니다. 저희도 추출물로 양갱을 만들고 있어요. 제품 포장에 일곱 마리 해양 동물이 등장합니다. 플라스틱으로 고통받는 친구들을 상징하는 것이죠. 저 바다 친구들의 달콤한 하루, 양갱을 드시는 분들의 달달한 하루라는 뜻으로 '달하루'라고 브랜드 이름을 지었습니다.

저희가 주력하는 상품도 소재에 따라 크게 둘로 나눕니

다. 추출물로는 양갱과 해초 샐러드, 후코이단을 생산합니다. 후코이단은 일본에서는 암 치료제로도 쓰일 만큼 주목받고 있는 건강증진식품이죠. 그런데 후코이단도 추출하고 나면 다 버리거든요. 저희는 그 버려진 해조류, 즉 부산물을 다시 재활용하고 재가공해서 환경에 이로운 상품을 만들어 내는 것이죠. 부산물로 달걀판과 종이컵, 종이접시 등을 만들고 있습니다. 곧 해초 접시 2종(가리비, 키조개)이 출시되며 여름이 되면 해초 종이컵 100만 개를 출시할 계획입니다.

이병한 부산물로 제품을 만드는 기업은 세계 유일이라고 하셨는데요. 그 원천 기술은 어떻게 확보하신 건가요?

차완영 제 전공이 정밀기계공학입니다. 직접 설계해서 금형을 만들어 낼 수 있습니다. 신소재공학 쪽으로는 유니스트 교수들에게 자문을 구하고 있고요. R&D 직원을 많이 뽑고 있죠. 저희가 특허를 받은 기술이 몰드공법입니다. 붕어빵처럼 찍어내는 공법이죠. 그 이전에는 제지공법으로 작업했거든요. 조폐공사와 함께 개발했던 적도 있어요. 그런데 초지기 라인을 깔기 위해서는 기본적으로 한 대 가격이 1,500억 정도 하는 장비가 필요해요. 한솔제지에

아홉 대, 무림에 여섯 대가 있죠. 스타트업이 감당할 수 있는 액수가 아닙니다. 현실적으로 불가능했기에 몰드공법으로 바꾼 것이죠. 몰드공법으로 제품을 찍어내는 기업 또한 전 세계에서 마린이노베이션이 유일합니다.

이병한 몰드공법이 제지공법보다 나은 것은 순전히 비용적인 측면인가요?

차환영 아니죠. 훨씬 더 친환경적입니다. 가령 제지공법은 공정 과정에 많은 화학물질이 들어갑니다. 또한 종이컵을 만들면 중간에 이음새가 있잖아요? 그 이음새를 코팅하기 위해서 화학물질이 첨가됩니다. 방수를 위해선 PE 코팅 Polyethylene Coating도 해야 합니다. 반면 몰드공법은 고온과 압축을 사용하여 금형에서 찍어내는 것이기 때문에 종이컵에도 이음새가 없습니다. 자연스레 별도의 화학 처리가 필요하지 않은 것이고요.

이병한 이 종이컵과 종이접시들은 100퍼센트 해조류 부산물로 만든 것인가요?

차환영 그렇지는 않습니다. 해조류 부산물만으로 제품을 만들면 강도가 많이 약해집니다. 제품에 따라서 7:3, 6:4 정도로 배합 비율을 달리합니다.

이병한 7이나 6이 해조류 부산물이고요?

차완영 아닙니다. 일반적인 종이를 만들 때 쓰는 펄프가 절반 이상은 들어가야 제품으로서의 강도가 확보됩니다. 펄프도 최대한 아껴야 하는 소재잖아요? 목재의 생산 자체가 기후변화를 촉발하고 있기도 하고, 기후변화가 다시 목재 생산에 영향을 끼치는 악순환이 반복되고 있습니다. 30~40퍼센트 펄프를 덜 쓰는 것만으로도 그만큼의 비중으로 지구 생명에 이로운 역할을 하는 것이죠.

이병한 조금 더 두껍게 만들어서 다회용기로 만들면 어떨까요? 최대한 일회용기는 만들지도 않고 사용하지도 말아야 하지 않을까 싶습니다만.

차완영 거기까지 가려면 시민교육이랄까 환경교육이 더 철저하게 진행되어야 할 것 같습니다. 아직은 소비자의 의식 전환의 저변이 그만큼 넓지는 않은 것 같아요. 특히 코로나 팬데믹 이후로 위생이라는 이유 때문에 일회용에 대한 선호도는 더 높아진 것도 같고요. 소비자의 의식 고양이 참 중요하다고 생각합니다. 부산물 비중이 높을수록 해조류 특유의 색감과 질감이 더 많이 드러나기 마련이잖아요? 이걸 더 좋아하시는 분도 있지만, 기왕의 종이컵이나 종이접시처럼 아주 매끈한 상품을 선호하는 분들도 여전히 많거든요. 종이컵에 커피가 들어가면 해조류의 질감이 더 선명하게 드러나는데요. 자칫 그게 뭔가 이물질처럼 보일 수도 있으니까요. 달걀판도 저희는 달걀이 깨지지 않을 만큼의 5:5의 비율도 시도해 보았는데, 업체에서 7:3을 요구하더라고요. 소비자들이 뭔가 흐물흐물하다고 느끼면 구입을 망설일 수 있다는 것이죠. 아무래도 국가가 정책적으로 강력하게 유인하고 유도하는 방법도 필요할 것 같습니다. 저희로서는 소비자 취향이 달라져서 바다 식물의 색감, 내추럴한 느낌을 선호하면 할수록 비용은 줄고 환경에는 더 이로운 선순환 효과를 가질 수 있습니다.

이병한 그간 상도 엄청 많이 받으셨더군요. 장관상부터 총리상까지 휩쓸다시피 하셨던데.

차완영 2019년 1월 16일에 처음 법인을 설립했습니다. 퓨처플

레이[3]에서 초기 투자를 했습니다. 곧바로 SK 이노베이션에서 5억 투자를 결정하면서 주목을 끌었습니다. 투자 방식도 이채로워서 화제가 되었지요. 와디즈펀딩을 통하여 임직원 250명이 200만 원씩 투자했거든요. 지금도 판매 채널 확보나 마케팅에 도움을 주고 있습니다. SK 최태원 회장이 사회적 가치 실현을 위해서 다양한 일을 하고 계시더군요. '행복 두 끼 프로젝트'라는 공익활동을 하고 있는데, 그 도시락이라는 것이 결국은 다 플라스틱 용기잖아요. 그런데 앞으로 최태원 회장이 주도해서 대대적인 플라스틱 절감 사업을 펼친다고 합니다. '행복 두 끼 프로젝트' 사업을 계속하면서도 사람에게도 이롭고 자연에도 해가 되지 않도록 공익활동을 해나가겠다는 것이죠. 그래서 저희도 도시락 용기 시장을 다음 사업 아이템으로 겨냥하고 있습니다. 연간 500만 개 정도의 시장으로 추정됩니다. 회사 설립 후 과학기술부 장관상, 중소벤처기업부 장관상, 국방부 장관상, 농림축산식품부 장관상, 환경부 장관상, 산업통산자원부 장관상 등 여섯 개 부처 장관상과 대한민국 발명특허대전에서 국무총리상까지 소셜벤처로는 드물게 여러 상을 받았습니다. 최근

---

3 카이스트 박사 출신들이 모여 만든 한국의 투자회사다. 2013년 설립되었으며, 기술 기반 전문 액셀러레이터로 잘 알려져 있다. https://futureplay.co/

에는 포장 패키징 분야의 세계에서 가장 권위 있는 협회인 WPO 세계포장기구에서 월드스타 상을 받았습니다. 감사한 일이죠.

이병한 그런데 그렇게 정부로부터 공식 인증을 받고 나면 어떤 혜택이 있는 것인지요? 실질적인 도움이 되나요?

차완영 솔직히 말씀드리면 일시적인 홍보를 제외하면 큰 효과가 있다고 말하기는 힘듭니다.

이병한 후속 지원이 없나요?

차완영 지켜보시는 것 같아요. 저희로서는 설비 투자 등 자본 확보가 중요한데, 그런 쪽으로는 거의 지원을 기대하기 힘들죠. 직접 지원이 힘들다면 상을 주신 부처에서 보증이라도 서주시면 좋겠어요. 정부 보증으로 대출을 받아서 설비 구입 등에 활용할 수가 있으니까요. 환경부와 중소벤처기업부에 제안은 해둔 상태입니다. 200억에 해당하는 보증서를 써 주십사 하고 불러 두었어요. 장비도 두 대 이상은 있어야 하고 공장도 있어야 하니까요.

이병한　K-뉴딜의 한 축이 그린뉴딜인데요. 앞으로는 실질적인 정책 지원이 많아지지 않을까요?

차환영　아직은 현장에서 체감하고 있지는 못합니다. 정부가 큰 목표를 세워 두었으니 차차 달라지지 않을까 기대는 하고 있습니다. 이전에 이런 일이 있었어요. 갱생이 모자반이라고 있잖아요. 그것이 중국에서 떠 밀려와서 우리나라 주변의 해양 생태계를 크게 오염시켰습니다. 육지로 올라오면 악취도 심하고요. 해양환경공단에서 연락이 와서 해결책을 마련해 보자고 제안을 하시더군요. 어차피 해조류이니 우리 회사 원재료로 사용할 수 있지 않겠냐는 것이었죠. 그런데 제안만으로 끝이었습니다. 저희가 다 수거하고 건조해서 써 보라는 식이죠. 그걸 수거하는 것부터가 다 비용이지 않습니까? 인력과 시간이 투입되어야 하는 만만치 않은 일인데, 그걸 국가가 지원하겠다는 식의 후속 조치가 없더라고요. 어민 피해와 환경 파괴까지 고려하면 정부가 국책사업으로 수거와 건조까지 해 주시고, 그렇게 모인 해조류를 저희가 재활용하고 재가공해서 또 제품으로 만들면 국가와 기업과 국민이 윈윈할 수 있을 터인데, 일방적으로 맡겨만 두시더군요. 안타깝게도 손익 계산이 맞지 않아서 접을 수밖에 없었습니다. 그린뉴딜 선언 이후에는 어떻게 달라질지 주시하는 중입니다.

이병한 그간 해외 엑스포에도 많이 나가셨더라고요?

차완영 플라스틱 문제를 반드시 해결해야겠다는 사명감이 있었습니다. 플라스틱 문제가 심각하고, 우리에게 그 솔루션이 있음을 외국에 나가서 직접 설명하고 싶었습니다. 대체 플라스틱은 전 세계적으로 필요한 상품이 될 테니까, PPT도 잘 만들어서 철저하게 준비하죠. 국내에서는 낯선 소재라 꺼리고 망설이는 분위기가 없지 않아요. 고작 달걀판이나 종이컵을 만드는 것이냐고 반응이 뜨뜻미지근할 때도 있고요. 워낙 일상적인 제품을 만들다 보니 생물 소재 신기술의 느낌이 덜한 것 같습니다. 반면 해외에서는 호응이 더 좋은 것 같아요.

이병한 프랑스 비바테크Vivatech나 핀란드 슬러쉬Slush 등 세계적인 스타트업 대회도 참여하셨더군요. 싱가포르나 베트남 대회에서 결승까지 진출하면서 상도 많이 받으셨던데, 그쪽은 실질적인 도움이 되나요?

차환영　2020 두바이 엑스포에서 'EXPO LIVE'에 최종 선정되어 10만 달러에 달하는 상금을 받았습니다. 그러면 수상과 함께 행사 기간에 제품을 전시할 기회도 생기고요. 전세계 바이어들에게 저희의 비전과 미션을 알리고, 실제 제품 구입까지 이어질 수 있도록 도움을 주는 것이죠. 바이오 플라스틱을 만든다는 것이 단지 돈을 많이 벌려고 하는 일은 아니거든요. 돈이 목적이었다면 기왕에 근무하던 대기업에서 무언가를 해 보는 편이 더 빠를 수도 있었겠죠. 제가 국내외를 막론하고 다양한 자리에 기꺼이 달려가는 이유는 최대한 많은 사람에게 바이오 플라스틱의 가능성을 널리 알리고 싶기 때문입니다. 널리 인간을, 자연을, 지구를 이롭게 하는 비즈니스가 충분히 가능하다는 점을 전파하고 싶은 것이죠. 중도에 좌절하지 않기 위해서 부단히 노력하고 있습니다.

이병한　마케팅, 선전이라기보다는 선교이고 전도이고 교육에 임하는 자세 같습니다. '시장의 성화'라는 말이 있는데요. 성과 속을 이분법적으로 딱 가르는 것이 아니라, 속을 통해서 성을 구현해 가는, 시장을 잘 활용해서 영성을 실현해 가는, 성과 속의 공진화라고 할까요. 그러나 선교나 전도에 비해서 '시장의 성화'가 더욱 어려운 까닭은 결국 제품의 품질로 승부해서 소비자의 간택을 받아야 하기 때문입니다. 상품 자랑도 해 주시지요?

차환영 종이컵부터 말씀드릴까요. 역설적이지만 마음껏 버리셔도 되는 제품입니다. 100퍼센트 생분해되고, 100퍼센트 재활용 가능합니다. 예쁘기까지 합니다. 해조류는 이미 많이 말씀드렸고요. 육지 식물의 부산물도 사용하고 있습니다. 색깔과 재질이 다 다르잖아요? 그래서 그 식물성 소재의 특징이 곧바로 종이컵의 색감과 질감으로 이어지는 것이죠. 쌀겨나 옥수수, 커피 찌꺼기, 귤이나 사과, 생강 껍질 등도 활용할 수 있어요. 귤껍질 부산물이 들어간 종이컵은 산뜻한 느낌이 나고요. 커피 찌꺼기를 재활용한 종이컵은 은은한 느낌이 나지요.

이병한 어쩐지 한지의 느낌도 납니다. 저는 우뭇가사리 부산물로 만든 이 종이접시가 참 예쁜데요. 육지 식물과 바다 식물의 조합으로 만들어 낸 종이컵이라 하면 어쩐지 지구의 상징 같기도 하고요. 바다가 7, 육지가 3이니, 7:3의 비율로 배합하면 그 자체로 '어스컵 Earth-Cup'이 아닐까요?

차환영 현재로서는 그 비율이 반대이기는 합니다. 해조류는 강도가 약하기 때문에 반드시 육지 식물성 소재로 보완해 주어야 하는데요. 기술적으로 3:7을 7:3으로 바꿀 수 있을지 연구해 보고 싶습니다. 실제로 가급적이면 해조류 부산물 상품을 선호해 주시는 게 환경에 더 이롭습니다. 아까 말씀드린 것처럼 생장 시기와 속도가 다르고요. 그만큼 비용이 절감되고 가격은 인하되고 생태적 효과는 올라가는 것이죠. 바다 말씀하셔서 기억이 났는데, 저희가 부표를 만드는 기술도 개발해서 지난달에 특허가 공식 등록되었습니다. 우리나라가 김이나 굴 양식을 참 많이 하잖아요. 그 양식을 하는 것도 다 스티로폼 부표거든요. 때문에 우리나라 앞바다의 미세플라스틱 농도가 전 세계에서 두 번째, 세 번째로 높다고 합니다. 부표 만드는 업체와 공동으로 개발하여 바다에서 나온 해조류를 이용해서 바다에 해가 되지 않는 친해양 부표를 만들게 된 것이죠. 기존의 부표보다 80퍼센트 이상 미세플라스틱 배출이 줄어듭니다. 특히 해양수산부에서 주목해 주시고 도움도 주셨으면 좋겠어요.

이병한 바다만이 아니라 하늘도 주목하고 계시죠? 항공사와도 협력을 추진하고 있는 걸로 압니다.

차환영 기내식을 비롯해 비행기에 들어가는 거의 모든 서비스도

다 일회용품입니다. 바이오 플라스틱 상품으로 전환하면 좋겠다고 생각하고 있어요. 비행기만큼 탄소를 많이 배출하는 모빌리티도 없기 때문에, 항공사에서도 다른 방안을 강구하지 않을 수 없다고 봅니다. 가장 쉬운 방법이 일회용품의 생물소재화가 아닐까 싶은 것이죠. 장례식장에서도 일회용품을 많이 씁니다. 보람상조 등과도 협력해 보려고 합니다. 베스킨라빈스와 아이스크림 용기를 개발해 볼 수도 있고요.

저는 정부가 단호한 정책적 의지를 가지고 방향 전환을 전면적으로 선도해 가는 것이 가장 중요하다고 생각합니다. 그러면 기업들도 보조를 더욱 빨리 맞추지 않을 수 없을 테니까요. 아무래도 기존의 플라스틱이 워낙 싸기 때문에 정부의 강력한 규제가 없으면 비용을 고려하지 않을 수 없는 기업으로서는 선도적으로 바뀌기가 쉽지가 않습니다.

이병한 해초 달걀판 5만 개를 캄보디아에 수출하셨는데요. 동남아시아를 전략적 마케팅 지역으로 꼽고 계신 이유도 궁금합니다.

차완영 캄보디아가 빈곤한 국가이기는 하지만 그 나라에도 상위 1퍼센트는 삶의 질을 따집니다. 친환경 상품에 대한 수요가 적지 않더라고요. 5만 개를 다 소화한 이후에 다시 5만 개를 수입하겠다고는 하는데, 현재는 남은 재고를 홍보용으로만 활용하고 있습니다. 외주 방식으로 진행했더니 수지타산이 맞지 않더라고요. 국내서도 풀무원에 1,500판을 시험적으로 공급한 적이 있고요. 압구정에 있는 올가 푸드점에 제공했었습니다. 국내외의 수요에 부응하기 위해서라도 어서 빨리 장비를 매입해서 자체적으로 직접 생산하려고 합니다.

이병한 동남아시아의 온라인 플랫폼에 주목하고 있는 점도 현명한 전략 같습니다.

차완영 가령 인도네시아는 전형적인 섬나라이잖아요? 오프라인 네트워크의 한계를 디지털 플랫폼이 채워 주면서 온라인 이-커머스 시장이 굉장히 빠르게 성장하고 있습니다. 중국의 알리바바도 동남아와 남아시아, 아프리카 등 인도양 전역으로 진출하고 있어서 크게 주목하고 있고요. 특히 동남아시아는 원료를 가진 나라들입니다. 5모작이 가능할 정도로 1년 내내 따뜻한 바다를 확보하고 있으니까요. 현지에서 생산하고 가공하고 유통하고 판매까지 이루어지는 전략적 현지화가 수월한 것이지요. 마침 한류 등으로 한국에 대한 이미지도 좋아지고 있음은 반가운 일입니다. 저희도 K-바람을 타고 적극 타오르고 싶습니다.

이병한 국내 기업 CJ가 동남아시아를 비롯해 유라시아 곳곳에 진출해 있더군요. 1년에 두어 차례 주재원들이 모이는 전략회의를 싱가포르에서 열더라고요. 그곳에 초청되어 강연한 적이 있습니다. 그때 보았더니 CJ의 푸드마켓 규모도 굉장하더군요. 그런데 그게 다 플라스틱 용기와 포장을 통해 공급되고 있는 것 아니겠습니까. 저탄소 내지 탈탄소를 도모하는 푸드테크만큼이나 만들어진 식량의 유통과 보급 방식의 혁신도 반드시 필요하다는 생각이 듭니다. 마린이노베이션이 적지 않은 역할을 할 수 있는 분야이지 싶고요.

차환영 당연히 그럴 수 있다면 너무 좋은 일이죠. 다만 저희가 부족한 점이 디자인 아이덴티티에요. 제품의 생산과 개발에 집중해 왔던지라 마케팅과 브랜딩 역량이 충분치 못합니다. 기술 인력은 충분한데, 시장과의 접점을 만들어 줄 전문적인 디자이너의 컨설팅과 참여가 꼭 필요한 것이지요. 한국디자인센터라는 곳에서 공모전을 열더라고요. 거기에 응모해서 도움을 얻을 수 있지 않을까 생각합니다. 가능한 한 더욱 한국적이면서도 세계적인 손길의 세련된 디자인에 지구의 뭇 생명을 살리는 비즈니스라는 미래 가치도 담고 싶습니다.

이병한 사실 지자체의 도움을 받으면 훨씬 직접적이지 않으신가요? 여기 울산 자유무역지대에 입주한 것도 혜택이 있어서가 아닐까 싶은데요.

차환영 울산 같은 석유화학 도시에 이런 친환경 신소재 스타트업이 등장했다는 상징적인 효과가 있지요. 저희를 둘러싸고 있는 공단의 다른 업체들은 지금도 탄소를 엄청나게 뿜어내고 있어요. 실질적인 비용 절감 효과도 꽤 컸습니다. 서울이라면 공장 임대 부지 가격이 평당 5~10만 원은 하거든요. 천 평이면 5천만 원 이상이 소요되는 것이죠. 여기는 천 평을 다 써도 300만 원이면 족합니다. 그래서 입주 관련 심의가 꽤 까다로운 편이죠. 산업통상 자원부가 직접 관리하고요. 반면에 우수한 인력을 확보 하기가 어려운 점도 있어요. 첨단기술 확보와 브랜딩, 마케팅 전문가를 영입하기 위해서라도 고급 인재들이 왕래 하기 좋은 곳으로 옮겨갈 여지도 있습니다. 꼭 서울이 아니더라도 교통이 편한 곳이 좋겠지요. 제주와 부산, 전남 등 바다를 끼고 있는 거점 지역을 중심으로 지사부터 만들려고 합니다.

이병한 수도권과도 가깝고 바다를 끼고 있는 인천도 괜찮을 법하네요.

차완영 그렇습니다. 강에서도 양식이 가능하기 때문에 물이 풍부한 곳이라면 내륙으로도 이주할 수 있어요. 중요한 것은 이런 쪽 산업을 전폭적으로 지원할 의사가 있는 지자체와 단체장의 의지와 역량입니다. 저는 정부가 조금 더 근본적으로 더더욱 과감하게 방향 전환에 속도를 내야 한다고 봅니다. 소재 산업은 ICT와 달라서 투자 회수가 빠르지 못해요. 벤처 캐피털이 모험적으로 투자하는 데 한계가 있지요. 그래서 정부의 정책 전환이 정말로 중요 합니다. 플라스틱에 대한 규제가 강력하게 진행되면 될

수록 자본 투자의 가능성도 그만큼 커지는 것이죠. 환경세나 탄소세 등 조세 정책도 과감하게 이루어져야 하고요. 아무리 분리수거를 열심히 한다 한들 생산 소재의 파괴적 혁신이 수반되지 않으면 근원적인 한계가 여전한 것이거든요. 비닐과 플라스틱 같은 석유의 파생 상품뿐 아니라 석유 자체를 안 쓰는 방향으로 빨리 전환해야 합니다. 에너지의 원천 자체를 바꾸어야 하죠. 처음에는 바이오 플라스틱 제품이 조금 비쌀 수 있지만, 사후의 폐기 비용부터 후세들이 감당해야 하는 외부 효과까지 고려하면 전혀 비싸다고 말할 수 없습니다. 결과적으로 훨씬 저렴하면서도 모두가 함께 살아가는 길이라고 할 수 있지요.

이병한 지당한 말씀입니다. 제가 가을에 춘천에서 생명문명을 화두로 삼는 국제행사를 기획하고 있는데요. 생명산업 박람회도 준비하고 있습니다. CEO들이 직접 참여하는 무대도 만들어드리려고 하고요. 그곳에도 오셔서 좋은 말씀 해주시면 정말 감사하겠습니다. 외국의 유명한 엑스포도 여럿 다니셨잖아요? 혹시 조언을 구할 수도 있을까요. 박람회를 어떻게 구성하면 기업 입장에서도 실질적인 도움이 될지요?

차환영 기업에 당장의 혜택을 주는 면보다는 미래 세대에 방점이 찍혔으면 좋겠습니다. 엑스포를 하면 주로 바이어와 투자자들이 많이 모이잖아요? 그런데 생명산업을 주제로 삼는다고 하면 어른보다는 아이를 중심에 두고 준비해 볼 수 있지 않을까요? 어른들은 아무래도 상업적인 눈으로 접근합니다. 이 기술이 시장에서 살아남을까, 이 기업에 투자하면 언제 얼마만큼의 이윤이 남을까를 먼저 고려하겠죠. 하지만 아이들은 다르리라고 생각합니다. 지금까지의 세상과 앞으로의 세상에 대한 무한한 상상력을 발휘할 수 있게 되지 않을까요?

이병한 좋은 아이디어인 것 같습니다. 박람회를 일종의 체험 학습장, 교육 현장으로 꾸려볼 수도 있겠군요. 미래 직업 및 창업 교육이기도 하겠고요.

차완영 춘천은 자연환경도 아름다운 곳이잖아요. 코엑스나 벡스코, 킨텍스 등에서 하는 흔하디흔한 엑스포와는 좀 다르게 해 보면 좋겠습니다. 초등학생을 대상으로 친환경 제품을 직접 만들어 보는 등 체험형 전시회가 되면 정말 좋겠네요. 그 아이들의 엄마와 아빠, 할아버지와 할머니도 자녀와 손주의 장래를 위해서 관심이 훨씬 높아질 수 있고요. 박람회 현장에서 가족들이 함께 친환경 제품을 만들어서 소방공무원이나 질병관리본부에 보내는 이벤트가 있으면 아이들도 즐겁고 보람 있지 않을까요? 손발을 직접 쓰면서 지구를 살리는 일을 실감해 볼 수 있는 참여형 박람회가 되면 좋겠습니다.

이병한 춘천에는 대학도 많죠. 아이와 어른 사이, 요즘에는 '어른이'라는 말도 있던데요. 20대 예비 사회인들에게 진로 탐색에 대한 길을 열어 주는 기회가 되어도 좋겠군요. 마지막으로 개인적인 생활도 궁금합니다. 저는 요즘 어스–테크 Earth-Tech라는 말을 쓰는데요. 지구를 살리는 기술로 비즈니스를 하는 사람들이라고 할까요. 이런 쪽에 몸담고 계시는 분들의 실제 라이프 스타일이 몹시 궁금하거든요. 하루하루를 어떤 생각으로 어떻게 살아가고 계시는지 호기심이 입니다.

차환영 저도 웬만하면 일회용 제품을 안 쓰려고 노력하죠. 직원들에게도 모두 텀블러를 쓰자고 독려합니다. 그래도 주말에 분리수거를 해 보면 플라스틱 쓰레기가 적지 않아요. 당장은 친환경 포장을 하면 할수록 비용이 올라가니까 기업 측에서도 어려움이 적지 않습니다. 저희에게도 화학업체들의 협업 요청이 많이 들어와요. 화학물질이 조금만 더 들어가면 물성이 훨씬 더 좋아지고, 그만큼 상품으로서의 매력도 높아질 것이라고 유혹하죠. 매번 숙고하고 고민하게 되는데 최종 결론은 늘 안 하는 것이었어요. 100퍼센트 친환경 회사로 가자고 직원들을 다독이고 있습니다. 우리만이라도 솔선수범해서 할 수 있는 영역에서만큼은 화학물질을 쓰지 말자고요. 그래야 소비자들, 국민 모두 안심하고 사용할 수 있지 않겠습니까. 양심의 거리낌 없이 쓰레기통에 버려도 재순환되고 재활용되는 제품을 만들어드리려고 합니다.

사내 문화도 친환경적, 친사회적, 친생명적으로 만들어가고 싶습니다. 사실은 저희가 창업하자마자 1년 후에 코로나 사태가 시작되었거든요. 돈을 잘 벌어서 나중에는 기부도 크게 하고 싶었는데 너무 일찍 생명의 위기가 본격적으로 도래한 것이죠. 저희가 만든 종이컵부터 양갱이까지 드릴 수 있는 만큼은 질병관리본부에도 보내드리고, 대구경북 의료진에게도 선물했습니다. 소방공무원들에게도 지원해드렸고요.

이병한 생존에 급급한 스타트업인데도 그런 선행까지 하셨군요. 착한 기업의 전범 같습니다. 혹 직원들의 우려는 없나요? 사장님이야 그럴 수도 있겠다 싶은데, 직원들이 걱정하지는 않는지요? (웃음)

차환영 급여는 나중에 올리더라도, 일단 지금은 널리 알리자고 설득해 가고 있습니다. 다행히 많은 직원이 동의해 주고 잘 따라주고 있고요. 감사한 일이죠. 직원을 뽑을 때부터 인성을 많이 봅니다. 마인드가 가장 중요하죠. 나중에 사무실 지나가시면서 저희 직원들 얼굴을 한번 찬찬히 살펴보세요. 다들 선량한 인상일걸요? (웃음) 앞으로는 더 더욱 인성이 중요해진다고 생각합니다. 손발로 하는 일은 차츰 기계가 대체해 가겠죠. 착한 인성의 사람들이 모여서 마음을 잇고 선한 영향력을 발휘해야 합니다. 그래서 주말에 봉사활동도 함께하고 있어요. 사명감으로 기업을 해야 합니다.

○○○○○ **영성 경영, 순환 경제**

이병한 13년을 준비해 오셨다고 하셨는데요. 그런 오랜 준비 과정이 있었기에 인도네시아 주재원 생활을 하면서도 해조류 부산물이라는 아이템도 눈에 들어왔을 겁니다. 13년 전의 그 계기라고 할까, 동기는 무엇이었을까요? 어릴 때 고향이 바닷가였다고 해서 다들 바이오 플라스틱 사업을 하는 건 아니니까요. 2019년 마린이노베이션이 탄생하게 된 진짜 전사前史, 프리퀄이 궁금합니다. 이런 사업에 헌신하는 분들은 그 나름의 스토리가 있을 것 같은데요.

차환영 이런 이야기까지 하게 될지는 몰랐습니다만, 질문하셨으니 솔직히 말씀드리겠습니다. 제가 아들 하나 딸 하나를 두고 있습니다. 그런데 딸이 아파요. 생후 1개월부터 희귀병을 앓기 시작했습니다. 서울아산병원에 1년이나 입원하며 원인을 찾으려고 무척 애썼지요. 아무래도 환경적인 요인이 아니었을까 싶어요. 이곳 울산에서 태어난 아이거든요. 그때부터 환경호르몬을 비롯해 이쪽 분야에 관심이 커지고 나름대로 연구도 많이 했습니다. 전공은 기계공학이었지만 화학 공부를 더 깊이 한 셈이죠. 지금도 딸은 6개월에 한 번씩 정기 검사를 받기 위해 서울을 오고 갑니다. 이제 곧 6학년이 되는데요. 간이 조금씩 굳어 가는 간경화가 약간 있어요. 언젠가는 제 간을 이식해 주어야 할지도 모릅니다. 그래서 담배도 피우지 않고 술도 가급적 마시지 않아요. 이런 부모의 마음으로 사업을 하고 있습니다. 그런 마음이 있었기에 10년 넘게 혼자 연구하고 개발해 온 것이고요. 당사자인 것이죠.

그런데 생각을 곰곰이 해 보면 우리 아이만 그런 게 아닐 거예요. 다른 집 아이들도 비슷한 경우가 있었겠죠. 수익 창출이 목적이었다면 마린이노베이션을 시작하지도 않았을 일입니다. 돈만 생각했다면 대기업에 남아서 임원이 되고 급여가 높아지고 하는 인생을 살았을 수도 있었겠죠. 하지만 이 문제는 반드시 우리 세대가 해결해서 다음 세대에 물려주어야 할 과제라고 생각했습니다. 그래서 이런 쪽 사업을 하는 다른 기업들 역시도 경쟁사가 아니라 파트너라고 여기는 것이고요. 더 치열하게 경쟁해서 더 좋은 세상, 더 깨끗한 환경, 더 청정한 지구를 후세들에게 물려주고 싶습니다. 공동의 목적을 위해서 최대한 협력하고 싶습니다. 제 삶과 저희 사업의 근원적인 원동력이 여기에 있습니다.

이병한　아, 역시 그러셨군요. 그런 내밀한 말씀까지 해주셔서 깊이 감사드립니다. 하나 더 궁금한 것이 생겼습니다. 혹시 종교 생활도 하시는지요? 대화하는 내내 신앙인의 품성이랄까, 품격이 전해지는데요.

차완영　예수님의 말씀을 따르고 있습니다. 교회에 나가고요. 흔들림 없이 제 삶을 살아가고, 봉사하는 사업을 해나가는 데 늘 지침이 되고 귀감을 얻고 있습니다. 회사라는 게 경영인 혼자 잘나서 잘되는 게 아니잖아요. 착한 직원들과 함께 선한 소통을 하면서 기업을 키워나가고 싶습니다. 세상도 마찬가지겠지요. 결국 이 세상도 사람들이 만들어 가는 것이기에 선한 사람, 착한 사람, 선량한 사마리아인이 많아지기를 바랍니다.

이병한 과연 과학과 영성을 모두 겸비한 미래형 CEO셨군요. 감사합니다. 마린이노베이션의 무궁한 성장을 기원하겠습니다.

자각적 진화 비즈니스

인터뷰를 마치고 기념 촬영을 하였다. 우뭇가사리 양갱부터 생분해되는 비닐봉지까지 선물도 듬뿍 받아 안았다. 사무실로 들어갈 때 눈에 띄던 사명 '다음 세대를 위한 올바른 마음과 행동'이라는 문구가 돌아가는 길에는 더더욱 또렷하게 눈에 박혔다. 가슴 한 켠이 묵직하게 저릿해진다. 잔잔한 감동이 밀려와 눈물샘을 살짝 누른다. 인터뷰 사전 준비차 기업 정보를 요청드리자 투자제안서를 보내 주었다. 유익한 정보가 많아 유심히 검토하다가 마지막 슬라이드에서 빵 터지고 말았다. 왕년의 운동권 포스터라도 되는 양 시뻘건 글씨로 환경 위기 해결의 중요성과 급박성을 설토하는 내용이었다. 임팩트가 넘쳤지만, 앞선 슬라이드의 과학적이면서도 세련된 내용과는 결을 전혀 달리하여 나도 모르게 웃음이 터져 나온 것이다. 그런데 그 자료 또한 연재 원고를 쓰기 위해 다시 살펴보니 더는 웃음이 나지 않는다. 웃음은커녕 도리어 울음이 나올 것만 같다. 차완영 대표의 음성도 들려오는 것만 같다. 시종 차분하게 설명해 주던 분이 유난히 어조가 달라지던 대목이 있었다. 반드시 우리 부모 세대가 환경문제를 마무리 짓고 다음 세대에게 다음 세상을 물려주어야 한다는 지점이었다. 입술이 꿈틀거렸고, 미간은 좁혀졌으며, 눈빛은 한층 또렷해졌다. 그 모든 말씀이 다시 들린다. 박람회장을 미래 세대의 체험학습장처럼 꾸미면 좋겠다는 제안부터 투자제안서의 가장 마지막 슬라이드에 나오는 아이들 사진까지, 하나하나가 의미심장하다. 쿡쿡쿡 심장을 찌른다.

사명을 가지고 사업을 한다. 사업이 곧 사명이다. 그래서 으뜸의 가치도 소명Purpose이 된다. 이윤Profit은 부차적이다. 이득은 소명을 추구하다 따라오는 부산물이다. 나를 따르라, 앞장서는 리더십도 아니다. 사랑으로 사람을 이끈다Lead with love. 너 죽고 나 살자 적자생존이 아니라 공동의 목적을 향하는 선의의 경쟁을 한다. 고로 경영은 사람과 공동체를 고양시키는 봉사의 활동이다. 주중에는 회사에서, 주말에는 교회에서 봉사활동을 계속하는 것이다. ESGs Environment, Social, Governance, 최신의 경영 담론과도 곧바로 직통한다. 아주 오래된 전언이기도 하다. "하필이면 왜 이익利을 말씀하십니까? 오직 '인仁'과 '의義'가 있을 뿐입니다."라는 맹자의 말은 더이상 고리타분한 옛말이 아니다. 〈포춘〉부터 〈이코노미스트〉, 〈하버드 비즈니스 리뷰〉까지 전 세계 기업문화를 선도하고 있는 경제 잡지들이 온통 맹자를 맹렬히 읊고 있다.

한동안 '재영성화'라는 말을 자주 썼다. 성聖/속俗 분리, 세속화 일방으로 치달았던 근대화의 반작용으로 영성이 귀환하고 있음을 도처에서 목격하고 개념화한 것이다. 다만 '재종교화'라고는 말하지 않았다. 다시 성당으로 절간으로 돌아가자는 말이 아니다. 세속을 영성화하자는 것이다. 시장을 성聖화시키자는 것이다. 성과 속을 재결합시키자는 말이다. 성과 속의 상호진화를 도모하자는 뜻이다. 성이 속을 압도하던 농경시대의 종교문명도 아니요, 속이 성을 압살했던 산업시대의 세속문명도 아니다. 미래형 생명문명으로 진일보, 진화하는 데 영감적인 기업가, 영성적인 자본가가 필히 요청되는 것이다. 골방에서 산속에서 홀로 도를 닦는 것이 아니라, 현장에서 시장에서 생활에서 다 함께 대도大道를 추구하고 대동大同을 실현해 가는 자각적인 리더십Conscious Leadership이 필요한 것이다.

자각적인 리더는 늘 깨어 있고 더 사려 깊고 본인과 기업의 역할과 책임에 대하여 항상 숙고한다. 헌신적이고 창의적인 기업가들은 늘 끊임없이 진화해 가는 문화를 기업의 DNA로 삼는다. 물리적으로도 정신적으로도 감정적으로도 영성적으로도 사내 구성원 사이를 돌고 도는 기운과 에너지를 거듭 갱신하고 갱생한다. 실은 회사야말로 현대인들이 경험하는 가장 흔한, 가장 가까운 공동체다. Company와 Community가 별개가 아니다. 사익을 따지는 기업과 공익을 추구하는 공동체가 더는 분화되지도 않으며 분리되어서도 안 된다. 복수의 회사들과 복수의 공동체가 모여서 하나의 나라Country를 이룬다. 국가와 국가 모여서 이 세계를 형성하고, 이 세계의 궁극에는 또 우주Cosmos도 자리한다. 고로 Company와 Cosmos 또한 별개가 아니다. 우주 생명을 헤아리고 지구 만물의 진화에도 일조하는 위대한 기업이 필요한 까닭이다. 그래야 내가 하는 일이 곧 하나님의 뜻이 된다. 일상적인 본업과 주업이 곧 선업이 된다. 돈은 돈대로 벌고, 자투리 시간에 NGO 활동을 하고 봉사활동을 하는 것이 아니다. 비즈니스를 통해서 인성을 도야하고 인격을 성숙시키며 더 나은 사람이 되어가는 것이다. 그래야 이상과 일상과 사상과 상상이 따로 놀지 않는다. 이상IDEAL과 실상REAL의 결합으로, 사상IDEAL과 일상REAL의 융합으로 다음 세대를 위한 새 세상, 상상을 현상화시키는 것이다.

성과 속이 별개가 아닌 것처럼, 과학Science과 영성 Spirituality 또한 별세계가 아니다. 과학이 독주하던 시대는 종언을 고했다. 그렇다고 종교에 맹목하던 과거로 돌아가지도 않을 것이다. 종교와 과학이 화해한다. 한동안 회자되던 탈진실Post-Truth은 표면적이다. 심층은 탈진보Post-Progressive라고 하겠다. 지난 200년을 추동해 왔던 산업문명의 시대정신이자 세속신앙이었던 진보가 붕괴한 것이다. 진보의 끝에 멸종과 멸망이 도사리고 있는 것이다. '신은 죽었다'에이어 '진보는 끝났다'의 시대로 진입한 것이다.

진보가 아니라 진화이다. 자연에는 진보라는 개념이 작동하지 않는다. 자연선택조차도 오로지 진화일 뿐이다. 생물계의 자연적 진화만 존재하는 것도 아니다. 사람은 '자각적 진화'를 한다. 그리고 사람이 만들어 낸 인공물의 세계는 '자율적 진화'에 들어섰다. 자연적 진화와 자율적 진화를 두루 망라한 인간의 자각적 진화가 지구의 진화에 결정적인 작용을 하게 되는 것이다. 마린이노베이션 같은 스타트업들의 집합적 등장이야말로 '자각적 진화'의 징후라고 하겠다. 이 자각적 비즈니스에서는 더는 자연과 자원과 자본이 모순적이지도 않다. 자연을 보호하면 자원이 부족하고, 자원을 남용하면 자연을 해치는 딜레마를 창의적으로 해결해 가며 자본도 불려 나간다. 자연과 자원과 자본의 원만한 순환 관계를 도출해 내는 것이 미래기업의 사업이자 대업이고 선업이 되는 것이다. 돌아보면 동방인들이 설파했던 혁명이 늘 그러했다. 일방적인 진보나 발전을 의미하는 것이 아니었다. 제자리로 되돌리는 것이었다. 제 위치로 되돌아가는 것이었다. 만인과 만물이 있어야 할 그 자리를 되찾아 주는 것이 바로 혁명이었다. 그래서 혁명은 파괴가 아니라 생성이고 재생이고 소생이며 생명이었던 것이다. Resurgence가 곧 Revolution이었다. 혁명이 곧 생명이요 천명이며 사명이고 소명이 된다.

소생적 혁명과 혁명적 생명이 일상으로 내려오면 재활용Recycle이 되고 업사이클링이 된다. 경제학적으로 풀면 선형경제에서 순환경제로 업그레이드되는 것이다. 리사이클과 업사이클의 상호진화로 만인과 만물과 만사의 일원을 더욱더 크게 만들어 가는 것이다. 그래서 자연과 자원과 자본은 물론이요, 자아까지 공진화에 참여하게 된다. 유해함을 덜고 무해함을 더할 뿐만이 아니라, 유익함까지 보태는 깊은 자아, 홍익인간으로 거듭나는 것이다. 인간의 생각과 생활과 생산이 지구의 빅사이클과 우주의 딥사이클에 동참하면서 만민공동회를 넘어서는 만물공동체, 생명문명으로 도약하는 것이다. 그래야 세상이 나빠지는 속도를 줄이는 것에 머물지 않고, 세상이 한결 나아지는 속도를 높이는 엑셀레이터를 밟을 수 있다. 그래야 생명과 갈등하는 상극의 문명을 극복하고 문명과 생명이 공진화하는 해원 상생의 후천 세상으로 나아갈 수 있다. 다음 세대, 미래 세대에게 끊임없이 비용을 전가하는 적폐문명의 구업을 청산하고, 산업産業활동이 곧 선업善業을 짓는 영성경제로 이행할 수 있다. 고로 기업의 목표 또한 영리 추구에 그치지 않는다. 영감이 넘치는 CEO와 영혼을 담는 구성원들이 합심하여 나를 살리고 이웃도 살리고 뭇 생명도 살리는 온 생명 한살림 비즈니스로 도약하는 것이다. 마음살림부터 지구살림까지 생명문명으로 가는 지름길은 역설적으로 다시금 산업이고 비즈니스다. 장마당 비즈니스만큼 충분히 크고 너끈히 창의적이며 능히 빠르고 또 인간적인 제도가 없기 때문이다.

이 미래형 생명문명 순환경제에는 산업문명 선형경제의 폐기물 개념도 사라진다. 마린이노베이션이 해조류 부산물을 재활용해 생분해되는 제품을 만들어 생명문명의 선순환에 일조하는 것처럼 폐기물에 새로운 생기와 활기를 불어넣어 순환경제에 재편입될 수 있는 재생과 소생과 신생의 메커니즘을 고안해 내야 한다. 앞으로 쓰레기는 버려야 할 것이 아니라 충분히 이용되지 않은 막대한 자원이자 풍부한 자산Waste to wealth으로 재인식될 것이다. 한때는 폐물로 간주되었던 사물의 잠재적 가치를 깨달아 새 생명을 부여하는 심폐소생술의 핵심 기술이 바로 사물인터넷이다. 만물이 연결되어 활물活物이 되어 간다. 클라우드, 모바일, 소셜네트워크, 사물통신, 빅데이터 등 디지털 연결망에 사물도 참여하게 된다. 폐물을 활물로 되살려서 생명을 불어넣고 부를 창출하는 비즈니스 솔루션을 찾는 일이 선업=산업이 되는 것이다. 업보를 짓지 않고 업적을 쌓게 된다. 돈이 돌고 돌면서 생명을 더욱 북돋고 살찌우게 된다. 하늘이 하늘을 먹고, 하늘로 하늘을 살린다.

해양의 혁신, 마린이노베이션의 창의적 비즈니스를 살피며 나는 줄곧 한국 생명운동의 뿌리, 동학의 두 번째 스승 해월 선생을 떠올렸다. 해월海月이라는 기호부터 무궁한 상징으로 무한한 상상력을 발동시킨다. 검푸른 바다 위에 떠 있는 휘영청 보름달을 그려 본다. 우주적인 자아Deep Self로 고양되는 무극대도의 메타포가 아닐 수 없다. 본디 지구와 달은 한 몸이었다. 둘로 나뉘어서도 인력으로 서로를 끌어당긴다. 한 달, 두 달, 세 달, 28일 생명의 순환이 여기서 비롯되었다. 밀물과 썰물의 오고 감도 여기서 생기게 되었다. 조류와 해류는 지구 표면에서 진행되는 가장 큰 순환 운동이다. 지구의 7할이 바다인지라 대류의 운동은 대기의 운동에까지 영향을 미친다. 우리가 매 순간 들이키는 한 숨 공기도 저 바다 위의 청아한 달과 전혀 무연치가 않은 것이다. 실로 모든 물과 모든 만물이 마지막으로 흘러드는 곳이 바다이다. 지구적 대순환과 우주적 선순환의 최종 귀결점이 바로 해양이다. 바다의 혁신을 소망하고, 소생의 바다를 소원한다.

수평선으로 하얀 달이 지면, 지평선에서는 붉은 해가 떠오른다. 밝은 대낮, 저 하늘에 늘 떠 있는 것이 활활 발발한 태양이다. 태양 에너지야말로 지구 만물의 근원적인 에너지이저다. 생생 활활한 우주 생명의 근간이다. 사람이 생각하고 생활하고 생산하는 그 모든 에너지도 저 멀리 태양으로부터 비롯하는 것이다. 태초에 태양이 있었다. 우리의 두뇌 속에서 번쩍하고 스파크가 튀듯 떠오르는 기氣발한 비즈니스의 발상 또한 태초의 빅뱅에서 기원한 것이다. 기운 생동하는 에너지 혁명의 수반 없이 생명문명으로 이행할 수 없다고 하겠다. 재생적 금융의 설계 없이 지구를 살리는 어스테크의 창발적 진화도 기대하기 힘들다고 하겠다. 청정에너지와 그린 파이낸스의 창조적 결합 또한 블루오션이다. 루트에너지의 윤태환 대표를 만나러 가는 까닭이다.

덴마크는 지하자원에서 천상자원으로의 대전환을 선도한 나라다.
풍력발전으로 전력 수요의 100퍼센트를 감당한다.
 바로 그 미래 에너지 최선진국에서 유학하며 배우고 익힌 기술과
노하우를 우리나라 에너지 대전환에 접목하고 있다.

3장

에너지 로컬 파이낸스

"지하에서 천상으로"

미래 에너지를 위한 시그널

ROOT ENERGY
루트에너지

윤태환 대표

"재생에너지의 무한한 가능성"

태양의 후예

태양은 압도적이다. 태양에 견주면 지구는 티끌에 불과하다. 태양계의 전체 질량에서 99.86퍼센트를 태양이 차지한다. 근 100퍼센트에 가깝다. 지구를 비롯한 여타 행성은 태양이 형성된 뒤 남겨진 찌꺼기를 뭉친 것이라고 할 수 있다. 태양 안에는 지구만 한 행성이 100만 개나 들어갈 수 있다. 그래서 지구와 1억 5천만 킬로미터나 떨어져 있음에도 그 존재감이 또렷하다. 태양의 핵융합이 산출하는 빛과 열이 46억 년 지구 진화사를 추동해 왔던 에너지의 근원이기 때문이다. 수성은 너무 가까워 생명체가 타 버린다. 토성은 너무 멀어 충분한 빛과 열이 가닿지 못한다. 오직 지구만이 생명이 번성하는 행성이 될 수 있었다. 지금도 변함없이 아낌없이 베풀어 주고 있다. 태양 에너지가 지구까지 닿는 데 걸리는 시간은 불과 8분이다. 단 15분간 내리쬐는 태양 에너지가 전 세계 모든 사람이 1년 동안 소비하는 에너지보다 더 많다. 매일 지구로 보내지는 태양 에너지와 같은 양의 에너지를 생성하기 위해서는 대형 화력 발전소 1억 7,300만 개가 필요하다.

물이 생명의 발상지라면 식물과 동물의 진화를 가능케 한 것은 빛과 열의 힘이다. 물불을 가리지 않고 조화를 이루어야 생명의 탄생과 진화도 가능해진다. 태양열과 태양광은 대기에 의해 30퍼센트가 우주 공간으로 분산된다. 47퍼센트는 대기에 흡수되어 기상 현상에 영향을 준다. 22퍼센트는 물의 순환을 일으킨다. 태양이 우주 날씨와 지구 날씨에 직접적인 영향을 미치는 것이다. 지표면에 닿는 나머지 1퍼센트의 에너지를 효율적으로 활용하는 활동이 바로 광합성이다. 태양 에너지의 단 0.02퍼센트만 사용하는데도 식물은 지표면을 온통 녹색으로 뒤덮을 수 있을 만큼 번성하게 한다. 잎과 줄기, 꽃과 씨, 뿌리 같은 정교한 기관 또한 태양 에너지를 최적화하여 활용하기 위한 진화의 소산이었다고 하겠다. 그 식물들에 축적된 에너지를 먹으면서 동물들도 번창할 수 있었다. 이 동식물을 먹으며 생활하고 생각하는 사람은 태양 에너지가 만물의 근원이라는 것도 헤아릴 수 있는 존재로까지 진화하였다.

그중 조선이라는 나라를 일구며 살아갔던 일군의 사피엔스들은 이 태양과 지구와 만물 사이의 먹고 먹히는 되먹임 Feed back 관계를 '이천식천 以天食天'이라고 표현했다. 그 최초의 발상이 솟아난 브레인 속의 스파크 또한 우주의 빅뱅과 무연할 수 없는 것이다. 태초에 태양이 있었다. 단군의 후손도 결국 그 근원에서는 모두 태양의 후예이다. 태양이 곧 태조이다.

불의 발견, 불의 발명

지구는 불길이 일어날 수 있다는 점에서 태양계 행성들 중 가장 독특하다. 하늘 위의 번개나 땅 아래의 용암이 곧 불은 아니다. 불길을 만들어 내는 연소는 매우 특수한 화학적 과정이다. 우주에는 연소되는 물질이 그리 많이 존재하지 않는다. 불 또한 지극히 지구적인 현상이다. 광합성의 소산인 탓이다. 광합성을 통하여 풀과 나무 등 바이오매스를 많이 만들어 두었고, 대기 중에 산소를 충분히 공급하게 된 것이다. 탄소와 수소를 구성하는 원자들이 산소 원자와 결합하여 일어나는 화학 반응이 연소이고 불이다. 지구는 불이 붙거나 불길이 타오를 수 있는 매우 예외적인 행성인 것이다.

그 자연적 불길은 오래 경외와 숭배의 대상이었다. 다른 동물들은 그 뜨거운 기운을 피해 멀리 도망쳤을 것이다. 오로지 유인원만이 타닥타닥 타오르는 그 붉은 꽃을 유심히 관찰했던 것 같다.

어떻게 하면 불길이 타오르는지 골똘히 고심했던 것 같다. 그만큼 유용했기 때문이다. 모기를 비롯한 성가신 존재들을 쫓아낼 수 있었다. 위험한 야생동물로부터 보호받을 수도 있었다. 어느 날 부싯돌을 바위에 내려치자 불꽃이 일어났다. 나무 꼬챙이를 다른 나무 토막 위에 올려놓고 빠르게 돌리자 서서히 열이 나더니 끝내 빛도 났다. 인공적으로 불을 피우게 된 것이다. 불을 관리할 수 있는 최초의 생물이 등장하게 된 것이다. 지구에서, 아니 최소한 태양계에서 불을 인위적으로 만들어 낼 수 있는 유일한 종이 탄생한 것이다. 유기물에 축적된 태양 에너지를 요긴하게 활용할 수 있게 됨으로써 인간의 지배력은 폭발적으로 증폭되었다. 완력에서 앞서는 동물도 불로써 제압했을 뿐 아니라 잡아먹을 수도 있었다. 동굴을 훤히 밝혀 주었고 밤새도록 따뜻하고 아늑한 공간을 제공해 주었다. 불을 손에 쥐는, 내 손 안에 작은 태양을 부여잡는 최초의 계몽 Enlightment과 함께 인간은 지혜로운 존재, 사피엔스가 되어 갔다. 모든 제단에는 지금도 촛불을 켜 둔다. 모든 중요한 행사에는 요즘도 성화를 밝히고 불꽃놀이를 한다.

불을 장악함으로써 인간이 얻은 가장 큰 혜택은 음식을 익혀 먹게 되었다는 점이다. 요리가 시작되었다. 요리는 철저하게 문화적이며 인공적이다. 자연계의 어떠한 생물도 불을 가하여 요리하지 못한다. 오로지 인간만이 행하는 진화사의 일대 혁명이다. 식물이든 동물이든 먹을거리를 높은 열로 처리하면 말 그대로 '단순해

지면서' 이빨이나 소화관이 더 쉽게 다룰 수 있게 된다. 즉 소화라는 필수 과정의 일부를 몸 밖에서 대신할 수 있는 것이다. 그만큼 씹거나 소화시키는 기능을 덜 해도 되는 셈이다. 더 많은 영양소를 더 효과적으로 얻을 수 있게 된 것이다. 침팬지는 하루 여섯 시간을 날 것 그대로의 먹이를 씹으며 보낸다. 자연스레 인간의 몸에도 변화가 일어났다. 충분한 여가 시간으로 뇌를 더 유용하게 쓸 수 있게 되었다. 익혀 먹기의 발명 이후로 인류의 뇌의 크기는 무려 세 배나 커졌다.

고로 사피엔스는 초식성도 육식성도 잡식성도 아닌 '요리성' 동물이라 할 수도 있다. 손길의 불길이 이제 두뇌의 불길로 전이된 것이다. 구석기에서 신석기로의 이행과는 전혀 상이한 청동기 시대를 열어젖혔다. 불로써 구리와 주석을 합금하여 청동이라는 인공 물질을 주조해 내기 시작했다. 철기를 생산해 내었고, 유리도 만들어 내었다. 인구는 폭발적으로 늘어났고, 인류는 지구의 태양처럼 군림하게 되었다. 인간무리의 최고 지도자를 태양으로 묘사하거나 종교 지도자의 초상에는 후광을 표현하기 시작했다. 해가 지고 난 한밤중에도 사피엔스가 무리 지어 살아가는 도시는 불야성不夜城으로 번쩍거리게 되었다. 태양계 어느 곳에서도 발견할 수 없는 인공적인 열과 인공적인 빛으로 가득 찬 지구 행성을 인류가 만들어 낸 것이다. 진화의 끝자락에 등장한 한없이 미미했던 존재가 이제는 거대한 힘을 장착하여 지구의 미래를 주조하기 시작한 것이다. 피조물이기를 그치고 창작자이자 창조주가 되었다.

지하자원

진화의 소산으로 문화가 탄생하였고, 그 문화적 진화가 거듭하여 또 다른 계몽Enlightment을 촉발하였다. 밤낮을 가리지 않고 불을 밝히는 근대를 열어젖혔다. 증기기관을 만들고 내연기관도 만들어 내었다. 이 인공 기구들로 말미암아 인간은 자신의 근육과 동물의 근력을 빌리지 않고서라도 더 많은 일을 처리할 수 있게 되었다. 더 필요한 것은 더 많은 원료의 투입이었을 뿐이다. 지상의 자원으로만은 충분치가 못했다. 혹은 덜 효율적이었다. 땅 밑에도 자원이 있었다. 지하자원, 화석연료의 시대로 진입한 것이다. 석탄을 발굴하고 석유를 채굴하였다. 산업혁명이 시작되었다.

산업혁명이 야기한 그 열기(와 광기) 또한 태양과 전혀 무연하지는 않았다. 아니 무수한 시간 동안 지구에 쏟아졌던 태양 에너지가 농축되어 있었다. 생명은 까마득한 옛날부터 지구상에 존재해 왔다. 연년세세, 수십억 세대에 걸쳐 태어나 살던 동식물이 죽으면서 사체를 남겼다. 이들 중 일부는 우연히 땅속에 묻혔고, 그중 극히 일부가 일정한 조건하에 화석연료로 바뀐 것이다. 석탄은 키가 30미터나 되는 양치식물이 쓰러져 땅에 묻힌 채 수억 년이 지난 결과 생성된 것이다. 석유는 바다에 살던 작은 생명체인 식물성 플랑크톤이 죽어 침전된 뒤 지하 깊은 곳 산소가 없는 상태에서 높은 열과 압력에 의해 액체로 변한 결과물이다. 그 지하에서의 장구한 시간의 압축만큼이나 지상으로 다시 나오자 활활 타오를 수 있었다.

20세기를 불태운 산업문명의 열과 빛은 공룡이 존재하기 훨씬 전부터 만들어지기 시작한 지질학적 축복에 근간했다. 지질학적 시간과 생물학적 시간이 인류의 20세기를 주조해 내었던 것이다. 유례없는 경제성장을 경험했고, 전례 없는 도시화를 추진했다. 해가 진 뒤에도 커피하우스에 모여 먹고 마시고 담소하며 '공론장'이 만들어졌다. 가로등과 전등 등 인공조명이 많아지면서 밤과 낮이라는 자연의 리듬을 버리고 각자 제 나름의 사이클대로 살아가기 시작했다. 디킨스부터 톨스토이까지 위대한 문학 작품이 한밤중에도 쓰여졌다. 두툼한 세계문학 전집이 만들어졌고, 독자들은 밤새 불을 밝히며 책을 읽었다.

자동차는 지난 20세기를 규정하는 가장 영향력이 큰 발명품이었다. 농촌에서 도시로 대거 사람들이 이동할 수 있었으며, 기왕의 이동수단이었던 수만 마리의 말이 쏟아내는 대소변을 처리하지 않고도 대도시를 형성하며 살아갈 수 있게 되었다. 세계 각국은 거대한 거미줄 같은 도로망으로 묶이기 시작했으며, 그 도로를 오고 가는 자동차의 연료를 보급하기 위하여 남극 대륙을 제외한 세계 도처에서 석유를 캐고 해저유전을 시추했다. 응당 지하자원을 확보하기 위한 경쟁이 격화되었으며 세계대전이라는 전대미문의 폭력도 경험했다. 급기야는 이례적인 환경오염과 기후변화도 초래했다. 문화적 진화가 자연적 진화에 치명적인 영향을 미친 것이다. 수많은 동식물이 6번째 대멸종 단계로 진입했으며, 인류의 존속 여부도 불투명해졌다. 인간의 생각과 생활과 생산이 생명 전체의 진화를 좌지우지하는 지구사의 새 단계, 인류세 Anthropocene가 열린 것이다.

천상자원

인류세는 충적세, 홀로세 등등 그 이전의 지질학적 시대와는 달리 단명하게 될지도 모른다. 22세기, 23세기 과연 인류가 지구에서 살아가고 있을지 장담하기 어려운 시대가 되었기 때문이다. 그 절박함과 절실함으로 인류는 재차 빛을 발하고 있다. '지속가능성'이 온통 화두가 되고 있다. 살아남고자 전력으로 전속력으로 문명의 변화를, 의식의 진화를 꾀하고 있다. "잘 살아 보세"에서 "잘 살려 보세"로 시대정신이 바뀌고 있다. 문명의 기초인 에너지의 생산과 유통과 소비도 파격적인 실험과 획기적인 혁신을 도모하는 것이다. 이미 전기자동차가 휘발유와 경유 자동차를 대체하기 시작했다. 탄소세라는 새로운 조세 정책을 입안하여 기업 활동의 대전환을 재촉하기 시작했다. 기후위기를 호소하며 학교에 가지 않는 북유럽 10대 소녀가 시대의 아이콘이 되었으며, 정치인들과 언론인들, 지식인들은 온통 SDGs Sustainable Development Goals를 만트라처럼 읊어대기 시작했다.[1] 그만큼이나 20세기 내내 중독되었던 석탄과 석유와 가스로부터의 해독 과정이 급속도로 진행될지도 모른다. 관건은 대안이다. 근원으로의 귀환 Back to the Basic, 지상자원과 지하자원 시대를 지나 다시금 만물의 에너지의 근원인 천상자원, 태양을 주목하고 있는 까닭이다.

돌아보면 인류가 돌을 다 써 버렸기에 석기시대가 종식된 것이 아니다. 더 나은 기술인 청동기가 등장하면서 석기를 몰아낸 것이다. 바위는 여전히 사라지지 않았다. 다만 소용이 없어졌을 뿐이다. 마차의 시대가 끝난 것도 말이 사라져서가 아니었다. 상위 기술인 내연기관을 장착한 자동차가 등장하면서 기왕의 운송 산업을 무너뜨린 것이다. 말 역시도 여전히 없어지지 않았다. 관광용과 스포츠용으로 사용처가 달라졌을 뿐이다. 그렇다면 석탄과 석유 등 지하자원 시대 또한 고갈로 인해 종언을 고하지 않을 수도 있다. 새로운 기술과 제품, 비즈니스 모델이 촉발하는 파괴적 혁신으로 기존의 에너지산업을 붕괴시킬 수 있다. 태양광발전과 풍력발

---

1 지속가능 발전 목표. 2000년부터 2015년까지 시행된 밀레니엄개발목표(MDGs)를 종료하고, 2016년부터 2030년까지 새로 시행되는 유엔과 국제사회의 가장 큰 목표다. 인류의 보편적 문제(빈곤, 질병, 교육, 성평등, 난민, 분쟁 등)와 지구 환경 문제(기후변화, 에너지, 환경오염, 물, 생물다양성 등), 경제사회 문제(기술, 주거, 노사, 고용, 생산 소비, 사회구조, 법, 대내외 경제)로 분류되어 있다.

전 등 신재생에너지 산업이 전기자동차와 자율주행 등과 융복합된다면 문명 대전환의 게임 체인저가 될 수도 있다.

조짐은 이미 도처에서 여실하다. 유럽에서는 깨끗하고 분산된 에너지로의 전환이 지속적으로 이루어지고 있다. 딱 10년 전, 원자력발전의 위험성을 극적으로 보여준 3.11 후쿠시마 사태[2]가 일어났다. 바로 그해에 유럽에서 건설된 발전소의 47퍼센트가 태양광이었으며, 21퍼센트가 풍력이었다. 신규로 건설된 발전 용량의 7할이 청정 에너지였던 것이다.

세계에서 태양광 패널을 가장 많이 생산하는 국가였던 중국은 이제 태양광 제품을 가장 많이 소비하는 국가이기도 하다. 2020년 코로나 바이러스로 잠시 멈추었던 중국의 에너지 대전환은 조기에 팬데믹을 극복하면서 더더욱 박차를 가하고 있다. 2021년 신설될 태양광 발전소가 지난 10년간 건설되었던 발전소를 능가할 것이라는 전망도 있다. 기하급수적 속도로 재생에너지 산업을 전략적으로 키우는 것이다. G2 간의 기술패권 경쟁은 태양광 부분에서도 예외가 아니다. 솔라시티SolarCity, 선지비티Sungevity, 선런SunRun과 같은 실리콘밸리 기업들도 캘리포니아주와 미국 전역에

---

2 2011년 3월 11일 일본 도호쿠 지방 태평양 해역 지진과 쓰나미로 도쿄전력이 운영하는 후쿠시마 제1 원자력 발전소의 원자로 1~4호기에서 발생한 누출 사고다. 체르노빌 원자력 발전소 사고와 함께 국제 원자력 사고 등급의 최고 단계인 7단계, 즉 심각한 사고(Major Accident)를 기록하였다. 현재도 계속 원자로에서 방사능이 공기 중으로 누출되고 있으며, 빗물과 원자로 밑을 흐르는 지하수를 통해 방사능에 오염된 방사능 오염수가 태평양 바다로 누출되고 있다.

태양광발전 설비를 시공하고 있다.

전력 수요의 100퍼센트를 태양광으로 공급하는 나라도 이미 등장했다. 남태평양의 섬나라 토켈라우Tokelau가 그 주인공이다. 세 개의 산호초로 이루어진 토켈라우에서는 야간에 전기를 사용하기 위해 배터리 은행을 만들었다. 100퍼센트 디젤 발전에서 100퍼센트 태양광발전으로 전환하는 데 필요한 시간은 단 1년이었다.

이처럼 현재 광범위하게 진행되고 있는 지하자원에서 천상자 원으로의 대전환을 선도한 나라로 북유럽의 덴마크를 꼽을 수 있다. 이미 반세기 전부터 신재생에너지의 대전환을 실험했다. 20세기부터 21세기를 먼저 살았다. 지금은 풍력발전으로 전력 수요의 100퍼센트를 감당할 수 있다고 한다. 조금 전에 내 뺨을 스쳤던 바로 그 시원한 바람이 방 안의 빛을 밝히고 음식을 조리할 수 있는 열을 제공해 주는 것이다. 바로 그 미래 에너지 최선진국에서 유학하며 배우고 익힌 기술과 노하우를 한국의 에너지 대전환에 접목하는 비즈니스를 개척하고 있는 CEO가 루트에너지의 윤태환 대표다. 오래 손꼽으며 기다려 왔던 만남이었다. 사무실도 서울에서 가장 미래에 근접한 동네, 성수동의 헤이그라운드 5층에 자리했다. 이야기를 나눈 장소는 건물 맨 꼭대기, 투명한 유리창으로 사방이 활짝 트인 곳이었다. 포근한 봄 햇살을 맞으며 인터뷰를 시작할 수 있었다. 조곤조곤, 차분차분, 진지한 말투로 밝고 맑은 미래를, 산뜻하고 깨끗한 내일을 견인해 주었다.

에너지 민주주의

이병한 시간 내주셔서 감사합니다. 개인적인 질문부터 드려볼까 합니다. 역시 이력 가운데 가장 돋보이는 지점이 덴마크 유학 같습니다. 언제부터 에너지 전환에 관심이 있으셨을까요? 원래 관심이 있어서 덴마크로 공부하러 가신 것인지, 혹은 다른 경로로 덴마크를 방문했다가 눈이 뜨여서 이 일을 시작하게 된 것인지, 그 출발이 궁금합니다.

윤태환 실은 아주 어렸을 때부터 관심이 있었습니다. 정확히 말하면 초등학교 6학년부터였어요. 과학자가 꿈이었거든요. 왜 6학년이면 초등학생이라기보다는 곧 진학하게 될 중학교와 고등학교로 더 눈길이 가잖아요? 형과 누나들을 선망하면서 그들이 보는 책을 미리 따라 읽기도 했습니다. 대학 진학을 위한 고등학교 권장도서 목록에 있는 책들도 읽어 보려는 욕심이 컸어요. 과학을 무척 좋아하는 초등학생이었던 셈이죠. 그중에 한 권으로 『실험실 지구』라는 책을 읽었습니다. 돌이켜 보면 꽤나 어려운 책이었어요. 내용을 과연 얼마나 이해했을까 의문입니다. 그럼에도 펄펄 끓는 물 속의 개구리에 대한 비유는 강렬한 충격을 주었습니다. 점점 온도가 올라가는데도 제대로 감지하지 못하다가 결국 죽어 가는 과정을 지구온난화에 빗댄 것이죠. 어린 마음에 열흘 동안 잠을 잘 자지 못했습니다. 과학자가 되고 싶다는 막연한 동경에서 환경과학자가 되어야겠다는 구체적인 목표가 생긴 것이죠.

이병한　그러면 대학에서도 환경 쪽을 전공하셨을까요?

윤태환　물리학과 수학을 전공했습니다. 자연과학의 가장 근간이 되는 학문을 제대로 배워야 할 필요가 있다고 생각했습니다. 어머니가 수학 선생님이기도 하셨어요. 영향이 없지 않았습니다. 첫 직장이 에코 프런티어라는 에너지 환경 컨설팅 회사였어요. 카이스트 대학원의 박사과정 학생들이 창업한 회사였죠. 제가 입사할 당시에는 70여 명이었고요. 나중에는 120명까지 늘어납니다. 에코프런티어에서 3년 정도 일하면서 이 방면으로 일생을 투신해야겠다고 결심했습니다.

저는 컨설턴트 역할을 했는데, 아무래도 해외 사례들을

많이 참조하게 되거든요. 그전에는 막연하게 에너지 환경 분야에서 독일이 가장 앞섰다고 알고 있었어요. 에너지 전환을 성공적으로 이룬 나라라고 익히 듣고 있었죠. 그런데 여러 사례를 찾다 보니 덴마크가 사회민주주의 국가로서 에너지 전환을 가장 먼저 시도한 나라라는 점을 알게 되었습니다. 덴마크가 취한 접근 방식을 10년 정도 터울을 두고 독일도 그 나름으로 차용해서 적용한 것이죠. 아무래도 시장의 성숙도나 시민의 성숙도에서 덴마크가 좀 더 앞서 있음을 배운 것입니다. 그때가 2008~2009년도 무렵이에요. 자문하던 기관에서 덴마크로부터 500만 달러 정도 투자를 받았고, 그 과정에서 덴마크에 대해 조금 더 깊이 연구하게 된 것이죠.

이병한 그럼 대학원 시절부터 매우 오랫동안 창업을 준비해 오신 셈이네요.

윤태환 직접 사업을 할 생각은 못 했던 것 같아요. 선생님이 되고 싶었습니다. 부모님 두 분 모두 선생님이셨고요. 집안에 사업가는 없었습니다. 가르치는 것에 관심이 많고, 또 잘 가르치는 편이었습니다. 어려운 개념을 쉽게 풀어내서 설명하는 일에 재미를 많이 느껴요. 덴마크에서 유학

할 때도 창업을 해야겠다는 생각은 적었어요. 학업을 마치고 돌아오면 연구를 지속하거나 학생들을 가르치는 일을 맡게 되지 않을까 했었죠.

<u>이병한</u> 학자가 아니라 경영자가 되는 결정적인 계기가 있었을 것 같습니다. 취업이 아니라 창업을 하게 된 것인데요.

<u>윤태환</u> 귀국부터 예정보다 일찍 했습니다. 학업을 다 마치지 않고 사업을 시작한 것이죠. 2012~2013년도 밀양 송전탑 사건이 있었잖아요? 어느 날 제가 속해 있던 덴마크 공대의 연구실로 연락이 왔어요. 제 연구실이 어떻게 하면 풍력발전에서 생산한 전기를 가장 손실을 줄이면서 사용할 수 있을지를 연구하는 곳이었거든요. 밀양 송전탑 같은 것을 굳이 짓지 않아도 되는 기술적인 대안이 있는지를 자문해 온 것이죠. 한국에서 첨예하게 갈등을 빚고 있는 사안을 기술적으로 해결할 수 있을지를 깊이 고민하는 기회가 되었습니다. 자연스레 한국 상황에 대한 이해도도 높아졌고요. 기존의 발전소가 워낙 중앙 집중화되어 있어서 송전망이 도처에 깔릴 수밖에 없는 구조적인 병폐가 역력했습니다. 해결책은 태양광과 풍력 위주의 분산 에너지로 전환하는 것이었어요. 한국에 반드시 필

요한 일이었고 그 일을 직접 감당해 보고 싶다는 마음이 솟아났습니다. 당시에 저는 결혼도 하지 않았고 부양할 가족도 없었어요. 이때가 아니면 창업을 하지 못하겠다는 생각이 들더군요. 아무래도 결혼하면 모험하기가 쉽지 않잖아요? 한국에 일찍 돌아가서 창업하고 도전해 보자는 결심을 굳혔습니다. 대학원 공부야 언제든지 다시 와서 할 수도 있으니까요. 부모님께도 딱 3년만 도전해 보겠다고 설득했습니다. 3년의 실험이 여의치 않으면 다시 덴마크로 돌아가서 박사 공부를 마치겠다고 약속드렸죠. 그런데 벌써 8년 차에 접어들고 있습니다.

이병한   학업을 작파하고 창업해서 성공한 전설이 여럿 있죠. 빌 게이츠부터 일론 머스크까지. 연구하고 교육하는 사람의 기질과 시장 최전선에서 사업하는 사람 사이에는 간극이 참 크다고 느낍니다. 훌륭한 원천 기술을 확보하고 있다 해도 그게 곧장 성공을 담보해 주는 것도 아닌 것 같고요. 양쪽을 두루 겸비하고 계신 것 같습니다.

윤태환   부모님 기질을 천성으로 물려받은 것 같아요. 아버지는 꼼꼼하고 치밀하셨고, 어머니는 외향적이고 사교적이셨습니다. 어머니랑 더 닮은 구석이 있어요. 적극적으로 문제를 해결하고자 하는 지향이 강합니다. 교직과 사업이 아주 다르다고도 생각되지 않더라고요. 잘 가르치는 것과 잘 만들고 잘 파는 것이 비슷한 것도 같아요. 저는 여전히 미숙한 CEO이기는 하지만 제 성향과 잘 맞는다고 느끼고 있습니다. 직접 기업을 경영하면서 배우는 것이 정말 많아요. 한 인간으로서도 더욱 많이 성장하고 있다고 느낍니다. 대학에서 학자로만 있었다면 배울 수 없었던 세상의 여러 면을 두루 경험하고, 해 볼 수 없었을 일들을 직접 체험하게 된 것이죠. 물론 이렇게 힘들 줄 알았다면 창업하지 말고 공부나 계속할 걸 하는 생각도 종종 듭니다만⋯.(웃음)

이병한 '이렇게까지 힘들 줄 몰랐다'의 그 힘듦이란 뭘까요?

윤태환 사업이 늘 예상대로, 계획한 대로 흘러가지 않거든요. 도중에 정말로 많은 사고가 일어납니다. 강물이 그렇잖아요. 겉보기에는 잔잔하게 흘러가는 것처럼 보이지만, 물속에서는 매우 치열하게 다양한 일들이 벌어지고 있죠. 사업을 하다 보면 중간중간 정말로 많은 돌발 변수들이 생기고, 그 문제들을 해결하느라 정신이 없어요. 그래서 비즈니스는 일종의 종합예술 같은 느낌입니다. 모든 걸 다 고려해야 하고, 사소한 하나라도 놓치면 언제든지 공든 탑이 한순간에 무너지기도 하는 것이죠. 저만 잘한다고, 저희 직원들만 열심히 일한다고 되는 것이 아니에요. 운도 따라주어야 하고요. 타이밍도 잘 맞아야 하죠. 무엇보다 좋은 사람들을 잘 만나야 합니다. 시운과 인연이 얼마나 소중한 것인지를 절절하게 절감하고 있습니다. 이 모든 조건이 딱딱 들어맞아야 비로소 사업도 성공하는 것이죠.

그런데 어제의 성공이 또 내일을 담보해 주는 것도 아니잖아요? 매일매일 끊임없이 진화해야 하고, 더더욱 앞장서서 나가야 합니다. 그러다 보니 잠자는 시간 외에는 늘 사업을 생각합니다. 아니 잠잘 때조차 생각하는 것 같아요. 아기를 안고 있을 때도 생각하죠. 이 아이의 미래를 위해서라도 내가 더 열심히 일해야 하는데, 뭘 더 잘할 수 있을까 항상 골똘히 골몰하게 됩니다. 이건 창업가의 숙명이 아닌가 싶어요.

이병한   루트에너지의 비즈니스 모델을 보며 요즘 말로 '신박하다'고 느낀 것은 에너지 사업에 파이낸스와 로컬 커뮤니티를 잘 결합시켰다는 점 때문입니다. "에너지 × 로컬 × 파이낸스"의 조합이라는 아이디어는 어떻게 처음 나온 것인지 궁금합니다.

윤태환 제 머릿속에서 독창적으로 나온 것은 전혀 아니고요. 덴마크와 독일에서는 이미 1970년대부터 시작했어요. 특히 협동조합 형태로 많이 구성되었죠. '에너지 민주화', '에너지 민주주의'라고 표현하기도 합니다. 독일에서는 '에너지 주권'이라고 많이 말하고요. 그 나라들에서는 지역과 금융의 결합을 당연한 거라고 생각해요. 덴마크에 유학 가고 싶었던 가장 큰 이유도 거기에 있었습니다. 공학적 지식을 얻는 것도 있었지만, 더 중요한 것은 그 나라 사람들과 어울리고 싶었습니다. 덴마크가 자랑하는 협동조합 활동을 직접 해 보고 싶었던 것이죠. 에너지 민주화의 물결에 제 발을 담가 보고 싶었습니다. 덴마크 시민들, 주민들과 함께 어울리면서 그들의 생활과 문화를 배워 보고 싶었던 열망이 매우 컸습니다.

1970년대부터 거의 반세기를 경험하고 성장하면서 여러 가지 시행착오를 겪었지만, 오늘날 독일은 거의 800만 주민이 재생에너지에 투자해서 이익을 얻고 있습니다. 이런 것들을 보면서 우리나라에도 시도해 볼 수 있지 않을까, 충분히 성공할 수도 있지 않을까 궁리하게 된 것이죠. 우리나라 사람들도 돈을 싫어하지는 않으니까요. 하지만 에너지를 잘 모르는 정보의 불균형 문제는 심각하죠. 에너지 문제를 돈과 연결시키면 한국에서의 반응이 덴마크나 독일보다 더 뜨거울 수 있다고 가설을 세운 것입니다. 여전히 검증하고 있는 단계이기는 해요. 지난 8년간 180개가 넘는 프로젝트를 진행하면서 어느 정도 입증되고 있는 것 같기는 합니다.

이병한 한국에도 적용 가능하다고 보시는 것이죠?

윤태환 네. 신재생에너지로의 전환과 금융과 지역주민의 결합이라는 비즈니스 모델이 성공할 수 있다는 결론이 나고 있습니다. 긍정적인 반응이 점점 더 많아지고 있어요.

이병한 덴마크의 오랜 사민주의 전통을 이야기하셨잖아요? 독일은 또 비례대표제로 운영되는 국가죠. 비즈니스라고는 해도 아무래도 정치 제도와 사회문화와 무연할 수가 없는 것 같습니다. 에너지 사업을 하다 보면 자연스레 공공적인 영역까지 관심이 미치지 않을까 짐작이 되는데요. 사업 그 이상의 어떤 액션이 필요하다는 생각은 안 해 보셨을까요?

윤태환 일단 정치나 행정은 제 깜냥으로는 감당할 수 없는 영역이고요. 사회민주주의나 비례대표제 같은 문화와 제도의 영향이 분명히 컸다고는 생각합니다. 다만 저로서는 좌우나 진보보수에 상관없이 재생에너지 사업에 시민들이 동참했던 동기와 이유가 더 중요하다고 생각해요. 그 사업에 참여하는 주민들이 100만이 넘고 300만을 넘고 500만을 돌파하면서 정치가 바뀐 측면도 크거든요. 보수당이라고 하는 기민당조차도 에너지 전환에는 적극 참여할 수밖에 없는 동력을 국민이 만들어 낸 것이죠. 보수가 진보로, 우파가 좌파로 전향하는 것이 아니라, 미래지향적인 재생에너지 정책으로 가지 않고서는 표를 얻을 수 없고 집권을 할 수 없다는 분위기가 조성된 것이죠.

저는 우리나라에서도 그런 형태의 영향력을 발휘하고 발산할 수 있는 미래의 씨앗을 심어 보고 싶어요. 아직 루트에너지 고객이 만 명이 안 됩니다. 현재 국내 에너지협동조합에 가입한 분들을 모두 합해도 만 명이 되지 않는 것으로 알아요. 이 씨앗이 10만이 되고 100만이 되고, 300만이 되면, 그러면 우리나라에서도 성향에 상관없이 에너지 환경 분야만큼은 누구나 올바른 결정을 내릴 수 있는 시기가 오지 않을까 전망하는 것이죠. 양적 변화가 질적 변화를 가져온다고 하잖아요? 그 양-질 전환의 티핑포인트가 오리라고 생각합니다. 그래야 정치인들과 행정가들도 재생에너지를 최우선으로 삼는 예측 가능한 정책을 설계할 수 있겠죠. 그래야 정권의 교체에 무관하게 정책의 지속성이 담보될 수 있고, 그래야 환경 비즈니스 또한 안정적이고 또 과감하게 도전할 수가 있습니다. 그러한 지속가능한 생태계를 만들어 내는 것이 루트에너지의 궁극적인 목표라고 할 수 있겠습니다. 그런 선한 영향력을 행사하는 것이 저희들이 일하는 첫 번째 목적입니다.

이병한 사명이 '루트에너지Root Energy'인 것은 풀뿌리가 주도하는, 민초가 선도하는 재생에너지로의 대전환이라는 비전도 담겨 있는 것이겠군요. 그러함에도 기후재앙은 이미 진행 중인 것 같고요. 인류에게 주어진 대전환의 시간이 넉넉지도 않은 것 같습니다. 정부와 대기업의 이니셔티브 또한 간과할 수 없을 것 같은데, 코로나 팬데믹 이후 정부가 설파하고 있는 그린뉴딜 정책도 있지 않습니까? 꼼꼼히 살펴보셨을 것 같은데 어떻게 생각하실지요?

윤태환 저야 당사자가 아니고 주변자라서요. 정책을 직접 결정하는 과정에 참여할 수가 없으니, 결과만 지켜보는 입장이죠. 큰 방향성은 맞는다고 생각해요. 그런데 비판이나 비평을 할 수 있을 만큼의 계획이 나온 게 없습니다. 세부적인 디테일은 거의 없어요. 거창한 선언만 있었지 아직 구체적인 계획안을 본 적이 없습니다. (웃음)

이병한 가장 신랄한 비판이네요.

윤태환 구상만 있을 뿐이라는 점은 정부나 여당도 다 인정하고 있어요. 저도 녹색성장위원회의 민간위원으로 활동하고 있거든요.

이병한 '녹색성장'이라 함은 이명박 정부 때 만들어진 기구인가요? 지금도 있는 것인지?

윤태환 네. 10년째 지속되고 있고요. 저는 3년 차 활동하고 있습니다. 녹색성장위에서 활동해 보아도 부족한 점이 태반이죠. 우리나라 정책은 여전히 경제성장에 초점이 맞추어져 있으니까요. 코로나 대응에서도 마찬가지고요. 민생 회복을 최우선시하면서 정책을 입안하다 보니 탈탄소 정책은 우선순위가 한참 떨어집니다. 많이 안타까운 상황이죠. 그간의 경험을 미루어 보아도 정치인이나 행정가들에게 맡겨 둘 수가 없다는 결론에 이릅니다. 설령 그러한 의지가 있고 역량을 갖추고 있는 분이라 해도 여럿 중의 일부에 그치는 것이거든요. 지난 10년이 그러했듯이 아마도 앞으로 10년도 정치가 바뀌어서 짠 하고 대전환을 선도하는 그림은 어렵다고 생각해요. 솔직히 말하자면 MB정부의 온실가스 감축 목표가 현재 정부랑 똑같거든요. 변한 게 없어요. 앞으로 10년 정권은 어떻게 될지 모르겠지만 에너지 정책에서는 크게 달라지지 않을 것 같습니다. 이래서는 글로벌 스탠더드에 부합하는 온실가스 감축 목표를 달성할 수가 없을 테고요.

이병한   **말 잔치만 무성하고 요란했던 것이군요.**

이태환   결국 민간 차원에서 저희가 더 많이 더 깊이 더 넓게 노력해야 한다고 생각합니다. 정치인이나 행정가가 아니라 근본적인 변화의 힘은 국민에게서 주민에게서 나온다고 생각해요. 어떻게 2030년이 오기 전에 100만 명의 국민이, 1,000만 명의 주민이 신재생에너지 혹은 탄소중립 프로젝트에 직접 투자도 하고 금전적인 소득도 올릴 수 있을까를 궁리하는 이유입니다. 바로 여기에서부터 변화의 씨앗을 만들어 가야 하지 않을까요. 그리고 그 사업에 동참한 바로 그분들에 의해서 올바른 투표가 이루어지고, 그들이 선택한 정치인과 행정가들이 올바른 정책을 추진하게 되고 말이죠. 그분들도 그런 변화를 기다리고 계신 것 같아요. 앞장서서 변화를 선도하기는 요원해 보입니다.

이병한 뼈아픈 지적이네요. 안타까운 이야기입니다.

윤태환 어디까지나 제 경험에서 비롯한 주관적인 견해니까요.

이병한 객관적인 팩트인 것 같습니다. 정부는 그렇다 치고요. ESG 등등해서 기업들은 매우 빠른 속도로 전환해 가려고 시도 중인 것 같은데, 이런 흐름은 어떻게 보실까요?

윤태환 ESG가 글로벌 트렌드기는 하지만 세계적으로도 여전히 찬반 여지가 있다고 생각합니다. 그린 워싱 Green Washing[3] 의 사례가 워낙 많아서요. 국내 ESG는 특히나 그린 워싱이 빈번하다고 생각합니다. 잠깐이기는 하지만 10여 년 전에 ESG를 평가하는 애널리스트로 일한 적이 있습니다. 국제 기준의 인덱스를 활용해서 기업을 평가한 정보를 국민연금에 판매하는 일이었는데요. 그때나 지금이나 평가 기준은 크게 달라지지 않았어요. 당시에도 평가 지표는 너무 포괄적이고 기업에서 제공하는 데이터는 너

---

3 그린워싱 또는 녹색분칠은 기업이 실제로는 환경에 악영향을 끼치는 제품을 생산하면서도 광고 등을 통해 친환경적인 이미지를 내세우는 행위를 말한다. 이는 환경에 대한 대중의 관심이 늘고, 친환경 제품에 대한 선호가 높아지면서 생겨난 현상이다. 환경친화적인 이미지를 상품 제작에서부터 광고, 판매 등 전 과정에 걸쳐 적용·홍보하는 그린 마케팅(Green Marketing)이 기업의 필수 마케팅 전략 중 하나로 떠오르면서, 실제로는 친환경적이지 않은 제품을 생산하는 기업들이 기업 이미지를 좋게 포장하는 경우가 생겨나고 있다.

무 불완전해서, 과연 분석 정보가 차별성이 있을까 의문이 많았거든요. 지금도 마찬가지입니다. 가령 석유를 시추하는 회사인데 재생에너지에 조금 투자를 한다고 해서 ESG 기업으로 편입될 수는 없다고 보거든요. 그런데 대부분의 애널리스트는 긍정적인 평가 보고서를 올려요. 그래서 저는 ESG에 너무 맹목적으로 빠지면 안 되고, 그 추세와 지표 또한 제삼자의 견지에서 계속 비판적으로 지켜보고 견제가 필요하다고 생각합니다. 궁극적으로 가야 할 방향이기는 하되, 녹색세탁 없이 제대로 가야 하는 것이죠.

이병한   한국전력도 재생에너지 쪽으로 전환하겠다고 하죠?

윤태환   한전은 참 예민한 사안인데요. 재생에너지 비즈니스를 하는 사람으로서는 반대할 수밖에 없습니다. 정부에서는 재생에너지 영역을 대규모로 키우기 위해 공기업이 앞장서야 한다는 명분이 있다고는 생각해요. 전 지구적인 기준에 보자면 하루빨리 온실가스 배출이 줄어들어야 하는데요. 과연 어느 방식이 더 빠르면서도 더 많은 사회적 임팩트를 창출할 수 있을 것인가가 기준이 되어야 한다고 봅니다. 공기업이 주도하는 방식이 더 효과적일지, 아니면 민간에서 선도하여 시장을 확장시키고 일자리까지 창출하는 선순환을 만들어 낼 수 있을지 등등을 종합적으로 고려해야죠.

이병한 한전 공대는 어떨까요? 에너지에 특화된 대학을 만들겠다는 것인데요.

윤태환 저에게도 이미 강의 요청이 들어왔습니다. 우리나라에 아직 에너지 전문 대학원이 없기는 해요. 카이스트나 유니스트도 에너지 전문 인력을 양성하지는 않거든요. 그런 기관이 필요하다는 점은 예전부터 인지하고 있었습니다. 당장 저부터가 국내에서는 마땅히 공부할 곳이 없었기에 덴마크까지 유학을 간 것이니까요. 에너지 분야를 연구하고 교육하는 기관을 만드는 것에는 찬성하는 편입니다. 미래를 생각한다면 꼭 필요한 일이라고 생각합니다. 다만 관건은 어떻게 만들 것이냐 하는 것이죠. 과연 공기업에서 세우는 것이 좋을까? 한전이 아니라 국가가 나서서 국립대학으로 만드는 것이 더 나은 방법이 아닐까. 덴마크 공대는 학비가 전혀 안 들어요. 석박사 대학원 과정은 도리어 돈을 받으면서 배웁니다. 물론 그만큼의 과제를 수행하는 것이죠. 사견이지만 저는 한전 공대보다는 국립대학이 더 좋은 방안일 것 같습니다.

이병한 기왕 민감한 사안을 여쭤본 김에 하나만 더 질문드리고 싶습니다. 탈원전을 둘러싼 논란도 많잖아요. 〈인사이드 빌게이츠〉라는 다큐멘터리나 그의 신간 『기후재앙을 피하는 법』을 보아도 원전을 폐기하기보다는 더욱더 진화시키는 쪽으로 접근을 하고 있는데요. 미래 에너지로서의 원자력은 어떻게 생각하시는지요?

윤태환 저도 한창 빌 게이츠의 신간을 읽는 중입니다. 제가 이해한 바로는 그분 또한 태양광과 풍력을 근간으로 하는 신재생에너지의 비중을 급진적으로 늘려야 한다는 것이 주된 논지라고 보고요. 그 외에 소형 원자로 기술도 앞으로 발전시켜야 할 분야로 꼽고는 있죠. 저는 그분의 관점에서는 충분히 그렇게 말할 수 있다고 생각해요.

다만 저는 에너지에 보태어 금융까지 하는 사람의 견지에서 복합적으로 사안을 판단하게 되는데요. 온실가스 감축의 효과만 보자면 원전 또한 매력적인 대안이 될 수 있음을 부정하지 않습니다. 하지만 오히려 경제적 측면에서 리스크가 적지 않다고 생각해요. 과연 내 돈을 가지고 원자력에 투자할 수 있을까? 투자한 액수 이상의 이득을 회수할 수 있을 것인가를 궁리해 봅니다. 경제성에서 원전을 가동하는 운영비용이 매우 가파르게 증가하고 있습니다. 사고가 나면 워낙 대형사고가 날 수밖에 없는지라 보험 설계도 취약하고요. 이미 미국이나 프랑스의 원전 업체들이 적지 않게 파산하고 있어요. 투자자의 관점에서 원전은 리스크가 몹시 높은 상품이죠. 아무리 한국의 원전 기술력이 뛰어나다고 해도 정부가 보증하지 않는 이상 펀드레이징 Fundraising이 될 수 있을 것인가를 고민합니다.

이병한 경제적 리스크는 그렇다 치고, 에너지 주권이랄까요. 에너지 민주주의 차원에서도 원전은 결국 중앙집중형 발전 방식을 벗어날 수 없는 것 아닌가요?

윤태환 꼭 그렇지는 않습니다. 소형 원자로 기술이 이미 많이 진척되었고요. 분산 에너지로도 충분히 역할을 할 수 있습니다. 빌 게이츠도 이런 점을 주목하고 있죠. 빌딩 단위로도 소형 원전을 가동시킬 수 있으니까요. 다만 역시나 그 안전에 대한 보장을 누가 할 것인가라는 근본적인 딜레마가 있습니다. 우리 건물에 경수로가 설치되어 있는데 만의 하나로 사고가 난다면 어떻게 할 것인가. 그 재난을 대비한 보험 상품을 만들어 낼 수 있을 것인가. 금융 쪽 입장으로 보면 보험이 되지 않으면 돈을 빌려주지 않을 것이거든요. 기술적으로야 원전을 작게 만들어서 분산 에너지로 쓸 수 있지만, 시장의 사업화 과정에서 어마어마한 보증보험을 만들지 않는 이상 상품이 보호되기 힘들다고 봐요. 20~30년 잘 쓰다가도 사고가 한 번 터지면 그 건물 일대의 지역 전체가 초토화되는 것이니까요. 그 복구비용은 어떻게 할 것이며, 책임은 누가 얼마나 질 것이며, 간단치가 않다고 봅니다. 반면 태양광이나 풍력은 태풍이 불어 사고가 나도 다 보험이 되거든요. 소형 원자로는 기술적인 차원이나 에너지 분산보다는 금융의 관점에서 회의적으로 판단하고 있습니다.

이병한 금융 공부는 또 언제 하신 걸까요?

윤태환 일하면서 했습니다. 창업을 준비하면서 금융 공부도 시작했고요. 저도 공대 출신이라 금융에는 문외한이었는데, 직접 회사를 경영하자니 모르면 안 되더라고요. 닥치니까 배운 거죠. 지금은 어떤 금융 회사를 만나도 다 협상이 가능한 정도의 실력을 키웠습니다. 새로운 금융상품을 만들어 낼 수 있을 정도까지 역량이 올라온 것 같아요.

이병한 사업을 하면서 끊임없이 새로운 공부까지 병행하고 계신데, 사생활 없이 정말 모든 시간을 일에 쓰시겠구나, 짐작하게 됩니다. 지금 저희가 이야기 나누고 있는 이 공간은 회사인데요. 개인적인 공간은 어떠할까요? 평소에는 어떤 곳에서 어떻게 지내시는지 일상이 궁금합니다.

윤태환 조그마한 아파트에 아내와 어린 아기까지 셋이 함께 살아가고 있습니다. 제 방이 따로 있지도 않아요. 옷 방에 책상 달랑 하나 있는 게 제 방처럼 되었습니다. 거실에 TV를 없애고 서재로 바꾸려고 노력하는 중이에요. 와이프나 저나 워낙 책을 좋아하거든요. 지금은 육아가 가장 중요한 시기인지라, 집에서는 아이 보는 데 시간을 가장 많이 쓰고 있죠. 퇴근하면 육아 출근을 하는 셈입니다. (웃음) 밥 먹이고 목욕시키고 젖병 소독까지 끝나면 얼추 밤 12시? 그제야 잠을 잘 수 있습니다.

이병한 가정적이시군요.

윤태환 아내가 올 타임 육아를 하고 있어요. 양가가 도와줄 수 없는 형편이라서요. 제가 귀가해야 그나마 잠깐 쉴 수 있죠. 그렇게 8개월째를 보내고 있습니다. 그전에는 책도 더 많이 읽고 여행도 가고 했는데 코로나 때문에 그 또한 여의치 않게 되었죠. 저희도 늦게 결혼을 하고 늦게 아이를 가져서 임신부터 출산까지 힘든 시간을 보냈어요. 조산의 위험도 없지 않았고요. 병원에 일찍 입원해서 고생했습니다. 그래서 더더욱 건강하게 잘 자라고 있는 아이와 와이프에게 감사한 마음입니다. 갓난아기를 겨우 재우고 나면 잠깐 영화를 보거나 커피 타임 가지는 정도? 맥주 한 캔 하면서 담소를 나눕니다.

이병한 집에 태양광을 설치해 두지는 않으셨고요?

윤태환 베란다도 없는 아파트에 살아서요. 대신에 단열을 제대로 해 두었죠. 4중창 통유리로 에너지 관리비는 훨씬 적게 나옵니다. 태양광은 달지 못했지만, 태양광에 투자는 많이 해두었고요. (웃음)

이병한 제가 요즘 파타고니아 맥주를 즐겨 마시는데요. 친환경 비즈니스 하시는 분들이 가장 선망하는 기업 중의 하나가 파타고니아잖아요. 아까 인사드린 직원 한 분도 파타고니아 외투를 입고 계시던데요. 파타고니아와 협력하는 활동도 있으시죠?

윤태환 네. 한국에 파타고니아 매장이 마흔 개 정도 있습니다. 그 전국 전 매장의 모든 전력을 재생에너지로 전환시키려고 해요. 원래는 2025년까지가 목표였는데, 2021년까지 그 프로젝트를 완성시키기로 앞당겼어요. 어떻게 전면적 혁신을 달성할 수 있을지 자문하고 협의하는 중입니다.

이병한 덧붙여 자랑하고 싶거나 흥미로운 프로젝트를 소개해 주셔도 좋겠습니다.

윤태환 저희 루트에너지의 미션이 재생에너지 전환을 10년 이상 앞당기는 것입니다. 탄소 중립을 10년 이상 앞당기는 것이죠.

이병한 그럼 2040년이 목표인가요?

윤태환 가능하면 더 일찍 달성되면 좋겠습니다. 최소한 정부가 설정한 목표보다는 10년 이상 빠르게 진척시키고 싶어요. 크게 두 가지를 준비 중인데요. 첫째가 저희가 가덕산 풍력발전소를 성공적으로 이루어냈습니다. 강원도 태백에 43메가와트 풍력발전소를 설치하면서 태백 시민들만 제한적으로 투자할 수 있는 모델을 만들어 냈죠. 덕분에 올해는 전국 몇몇 곳에서 주민들의 커뮤니티 펀딩으로 대규모 태양광과 풍력발전소들을 짓는 솔루션을 제공할 수 있게 되었어요. 그런 프로젝트들이 잘 진행되어 가면서 규모가 더 큰 사업 또한 다섯 건 정도 담당하게 될 것 같습니다.

두 번째로는 그간의 저희 플랫폼에서는 재생에너지 사업, 태양광과 풍력 중심으로만 투자할 수 있는 포트폴리오가 있었는데요. 앞으로는 이것을 탄소중립 프로젝트 전체로 확대하려고 준비하고 있습니다. 마이셀프로젝트에 대한 인터뷰도 하셨잖아요? 그런 대체육이라든가 대체가죽, 전기버스, 로컬 푸드 등등 그 모든 비즈니스가 다 온실가스와 관련된 것이니까요. 그런 사업들에게도 저희가 금융을 해주는 포트폴리오를 확대하려고 합니다.

이병한   임팩트 투자를 직접 하시겠다는 뜻인가요?

윤태환   임팩트 투자를 일반 국민이 할 수 있도록 도와드리겠다는 것이죠. 탄소 중립을 지향하는 임팩트 투자에만 특화시켜서 말이죠. 그쪽으로는 저희가 전문성이 있기 때문에 유망한 기업들과 의미 있는 프로젝트를 발굴해서 금융 사각지대 문제를 해결해 주고 싶어요. 특히 모든 국민과 시민과 주민이 다 함께 탄소중립 프로젝트에 참여할 수 있는 기회를 제공해 드리고 싶은 것이죠. 올해 꼭 해 보고 싶은 일입니다.

이병한 굉장히 신선한 아이디어 같습니다.

윤태환 기후위기나 에너지, 환경 등등 거대한 이야기를 하면 정작 일반 시민들은 자신들의 일상에서 도대체 무엇을 할 수 있느냐 낙담하는 경우가 많잖아요. 저희를 통해서, 루트에너지가 확보한 정보를 잘 활용해서 새로운 도전에 직접 나서 보는 계기를 마련해드리고 싶습니다. 2021년은 재생에너지 전환을 넘어서 전방위적인 탄소중립으로까지 루트에너지의 미션이 확장되는 한 해가 될 것 같습니다. 뜻을 함께하는 우군들을 많이 모아야지요. 안타깝게도 온실가스를 줄이는 사업에 뛰어들었던 분들이 그사이 많이 줄었거든요.

이병한 줄었다고요? 이제야말로 시작인 것 아닌가요?

윤태환 저랑 비슷한 시기에 창업했다가 사업을 접은 분들도 적

178

지 않습니다. 시장이 대기업과 공기업 중심으로 많이 왜곡되어 있어요. 에너지 환경 쪽으로는 특히 더 그렇습니다. 정책의 영향을 많이 받을 수 밖에 없는 시장인 데다가 정권에 따라서 방향이 크게 바뀌기 때문에 건강한 시장 생태계가 잘 만들어지지 못하는 구조입니다. 지난 정권에서는 원전을 중시하는가 했더니, 현재 정권에서는 재생에너지 중심으로 갈팡질팡, 오락가락하는 것이죠. 다음 정권에서는 또 어떻게 바뀔지 확실치 않은 것이고요. 이처럼 예측 불가능성이 증폭되면 스타트업들은 살아남기 힘들어집니다. 자본으로 버티는 대기업만 살아남는 것이죠.

한때는 태양광 업체가 2만 개가 넘었어요. 2014년 전후로 싹 사라지고 3,000여 개만 남았고, 작년부터 또 그런 변화가 진행 중입니다. 현재 정부가 말하는 탄소중립 정책 또한 아젠다만 있지 시장이 형성되어 있는 것은 아니거든요. 국민 인식도 아직은 따라오지 못하고 있고요. 우리가 사업을 준비하는 동안 의식 전환도 벌어지면 좋은데, 한참 후에 일어나는 경우가 많아요. 고객들의 선택은 늘 나중이더라고요. 그래서 어떻게 6개월, 1년이라도 앞당길 수 있을까 고민을 거듭하고 있습니다.

유럽을 보면 폭스바겐 전기차와 기존의 가솔린차 사이

의 가격 차이가 꽤 많이 납니다. 여전히 전기차가 더 비싸죠. 대신 정부가 가솔린차에 세금을 많이 매겨서 전기차 가격과 거의 비슷하게 만들었어요. 정부 정책으로 자연스럽게 소비자의 선택을 전기차 구매로 유도하는 것이죠. 우리나라는 여전히 따라가지 못하고 있는 편이에요. 전기차에 비하면 디젤차가 훨씬 싸고요. 탄소세나 기후환경세 등 조세 제도 개혁 등 게임의 룰을 바꾸어야 합니다. 여전히 우리나라에서는 시장의 규모와 성숙도 면에서 부족한 점이 많은 것이죠. 아이디어와 테크놀로지가 있다고 해도 시장에서 팔리려면 비싸질 수밖에 없으니까요. 과연 소비자들이 그 제품을 사들일 것인가. 쉽지 않아요. 아니 매우 힘든 형편입니다.

이병한 이런 쪽 스타트업들이 어렵다는 것은 한국적인 상황인가요? 아니면 글로벌한 상황일까요?

윤태환 한국적인 상황입니다. 비건 문화가 잘 형성됐고, 탄소 세금이 잘 정착된 독일이나 유럽은 지구와 생명을 살리는 스타트업들이 창업하면 훨씬 잘될 수 있죠. 리사이클이나 업사이클 관련 의류 회사들도 유럽에서도 꽤 잘 나가고 있어요.

이병한 그래도 최근에 SNS 등을 보면 이런 방면으로 관심을 기울이는 젊은 세대들이 꽤 많아진 것 같던데요?

윤태환 네. 확실히 그렇습니다. 10대와 20대가 의식 있는 가치 소비 활동을 더 많이 하는 것 같아요. 그렇게 조금씩 변해 가는 것이겠죠. 정부가 조금 더 강력한 시그널만 줄 수 있으면, 전 연령대가 그렇게 갈 수 있지 않을까 싶어요. 탄소 배출이 적은 비건 상품이 더 저렴해져야 하고, 탄소 배출이 적은 자동차가 더 싸져야 하고, 탄소 배출을 줄인 옷과 신발이 더 잘 팔리게 유도해 주어야죠. 정책이 그렇게 설계되어야 소비자들의 인식과 선택도 바뀌게 되고, 그러면 그럴수록 친환경 비즈니스에 대한 임팩트 투자도 더 활발하게 이루어지겠죠. 그런 선순환의 고리가, 산업 생태계가 조성되길 바랍니다.

이병한 태양광에 주력하고 계시잖아요? 최근에 일각에서는 인공 태양을 주목합니다. 핵분열이 아니라 핵융합을 시켜서 미래 에너지를 확보하자는 것인데요. 인공 태양은 어떻게 전망하세요?

윤태환 핵물리학자들의 이상적인 기술인데요. 많이 실패하고 있습니다. 20년 전에도 20년 후에는 된다고 그랬거든요.

지금도 20년 후에는 가능하다고 말하고 있지요. 저 또한 인공 태양광이 달성된다면 정말 좋다고 생각하지만, 그 20년 동안에는 다른 대체재가 반드시 필요해지지 않겠어요? 저는 태양광이나 풍력으로도 충분히 대체할 수 있다고 생각합니다.

최근에 미국의 텍사스에서 한파로 정전 사태가 일어났잖아요. 미국에서 가장 많은 정유업계가 있는 곳이 텍사스입니다. 석유화학 공장들부터 시추공장까지 엄청나게 많아요. 최근에는 셰일가스 기업까지 많이 생겼고요. 화석 연료를 가장 많이 쓰는 텍사스가 한파 피해가 가장 컸던 것이죠.

그런데 텍사스에 테슬라 공장도 있거든요. 테슬라 공장은 거의 피해를 보지 않았다고 합니다. ESS 배터리를 설비해 두었기 때문이죠. 즉 굳이 핵융합까지 가지 않더라도 태양광과 풍력에 수소와 배터리 기술만 더욱 고도화되면 에너지의 생산과 보급과 수급에는 큰 문제가 없지 않을까 생각해요. 인공 태양 연구를 꾸준히 할 필요는 물론 있겠죠. 에너지 안보 차원에서도 늘 최악과 차악을 준비해 두어야 하니까요. 하지만 저는 인공 태양을 기다리기보다는 하루빨리 신재생에너지로의 전환에 전력을 기울이는 편이 합리적이라고 생각합니다. 그렇지 않으면 언제라도 텍사스처럼 될 수 있다고 보아요. 한파부터 폭염까지 기후재난은 앞으로 수시로 찾아올 테니까요.

이병한 일각에서는 태양광 패널을 설치하기 위해 멀쩡한 산을 깎는다 등등, 환경을 더 파괴한다는 설도 없지 않습니다.

윤태환 산에 나무를 심는 것보다는 태양광 패널을 설치하는 게 더 낫다고 말하는 강경한 재생에너지론자도 있기는 해요.[4] 국가 간 전쟁보다 기후재앙이 더 큰 위기이기 때문에 서둘러 그렇게 가야 한다는 것이죠. 하지만 저는 나무가 줄 수 있는 가치를 온실가스 감축 효과로만 따질 수는 없다고 생각합니다. 지금도 제가 남산 근처에 사는 이유가 산책을 어릴 때부터 좋아해서거든요. 자연에서 누리는 여가 활동의 가치는 또 다른 차원의 문제인 것 같습니다. 다행히 산에다가 태양광을 짓는 사업은 시행하기 어렵게 정책이 바뀌었습니다. 산을 깎아서 지은 태양광발전은 대부분 지난 정부에서 허가를 내준 것이에요. 바뀐 것은 바람직한 방향이라고 생각합니다. 저 또한 구

---

4 최대한 신속하게 신재생에너지 전환을 달성해야 탄소 배출이 많은 화석연료 발전소를 대체하고 기후이탈의 파국을 막을 수 있기에 나무를 심는 땅에도 태양광 패널을 설치해서 에너지 전환의 속도를 최고치로 올리자고 주장하는 일군의 사람들을 일컫는다.

태여 멀쩡한 산을 깎아서 태양광을 설치할 필요는 없다고 여깁니다. 공장의 옥상이나 건물의 지붕을 활용해도 좋고요. 간척지에도 쓰임이 다한 땅도 적지 않거든요. 수상 발전과 해상 발전의 여지도 크다고 생각합니다. 동해와 서해, 남해까지 삼면이 바다이기에 충분히 가능성이 있어요. 산이 아니더라도 재생에너지 전환을 100퍼센트 달성하는 데 하등의 문제가 없습니다. 전남 고흥이나 당진에도 염해 농지가 많아요. 염도가 높아서 더 이상 농사를 못 짓는 땅이 되고 만 것이죠. 거기에 태양광발전을 설치하려고 합니다. 그리고 그 앞바다에서는 해상 풍력을 해 볼 수 있고요. 해상 풍력은 아직 한국의 기술이 선진적이라고 말하기는 힘듭니다. 그러나 태양광은 충분히 해 볼 만한 프로젝트가 되겠죠.

이병한 시중에는 태양광 패널이 다 중국산이어서 중국에만 이로운 일이라는 설도 있습니다.

윤태환 사실 중국산 패널이 성능도 좋고 가격은 더 싸요. 사업하는 입장에서는 중국제를 선호하는 것이 당연한 일입니다. 따지고 보면 우리가 일상생활에서 쓰는 상품들 가운데서도 중국제가 엄청 많잖아요. 그 중국화되어 있는 공산품 시장 가운데 태양광도 있는 것이지요. 유독 태양광만 꼬집어 국산 타령하면서 딴지를 거는 데는 다른 이유가 있지 않을까 싶습니다. 그리고 과연 국산품을 보호하면 만사형통일 것인가도 고려해 보아야 합니다. 오히려 기술력을 더 떨어뜨릴 수도 있어요. 앞으로 태양광은 세계적으로 성장할 잠재력이 큰 시장인데요. 국내 업체들도 경쟁력을 확보해야 해외 시장으로 진출할 수 있지 않겠습니까. 중국과 인도와 미국 등 가장 큰 시장에서도 기술경쟁력과 가격경쟁력을 갖추고 경합할 수 있으려면 보호가 능사만은 아니라고 생각합니다.

이병한 태양광도 풍력도 결국 천상자원인데요. 하늘의 변화, 기후와 날씨의 영향을 받지 않을 수 없습니다. 작년에는 장마가 석 달 가까이 지속되기도 했잖아요. 간헐성이라는 제약은 어떻게 극복할 수가 있을까요?

윤태환 재생에너지 발전의 유일한 흠이죠. 햇볕의 내리쬠과 바람의 불어옴과 멈춤은 사람의 힘으로는 도저히 어찌할 수 없으니까요. 지리적으로도 편차가 있어요. 극지방으로 갈수록 바람이 좋고요. 적도로 갈수록 태양광이 유리합니다. 그래서 기술적인 대안과 금융적인 대안을 함께 마련해야 합니다. 간헐성을 채울 수 있도록 리튬이온 같은 배터리 기술을 고도화시키고, 수소 저장 기술도 발전시켜야 하고요. 금융적으로는 보험 상품을 잘 설계해야겠죠. 그래도 작년의 긴 장마에도 불구하고 평균 이상의 발전은 했던 것으로 나와요. 역시 기술적 진화의 성취였습니다. 패널당, 단위 면적당 발전 효율이 그만큼 높아진 것이죠. 지난 2년 사이에 두 배 이상 높아졌습니다. 기술적 대안에 먼저 주력하고, 금융적 대안까지 보완이 된다면 간헐성 문제는 제법 해결이 될 것이라고 전망합니다.

이병한 역시나 테크놀로지에 파이낸스까지 결합시켜서 대안을 궁리하시는군요. 8년간 사업을 해 오면서 체화된 접근법이 아닌가 싶습니다. 국민이 함께할 수 있는 임팩트 투자 플랫폼은 꼭 만들어 주시면 좋겠어요. 저도 기꺼이 참여해 보고 싶습니다. 새로운 차원의 '동학개미운동'으로 업그레이드될 수도 있지 않을까 싶네요. 긴 시간 긴한 말씀 나눠 주셔서 감사합니다.

윤태환 '에너지 시민성'이라는 말을 마지막으로 강조하고 싶습니다. 정부와 대자본이 주도하는 흐름에 수동적으로 따라가고 끌려갈 것인가. 아니면 내 돈을 내는 자발성과 직접성으로 시민이 주도하는 에너지 대전환을 견인해 낼 것인가. 그러기 위해서라도 좋은 정보를 계속 제공해야 하고, 좋은 교육 프로그램도 많이 만들어져야 할 거예요. 훌륭한 인재들이 많이 양성되어 생명산업으로 유입이 되고 시장의 규모가 커지고 결국은 나라와 세계 전체가 바뀌어 가는 것이죠. 저는 이미 강원도 태백의 사례를 통해서 주민의 자발적 참여가 얼마나 큰 변화를 만들어 낼 수 있는지를 목도한 바 있습니다. 2040년, 2050년, 제 아들이 서른이 되고 마흔이 되었을 미래를 내다보면서 사업을 유지하기 때문에 지긋하게 꾸준하게 지극한 정성으로 근본적인 변화를 일구도록 최선을 다하려고 합니다. 후회가 없도록, 아낌없는, 남김 없는 삶을 살고 싶습니다. 저 또한 감사합니다.

청정 미래로의 접속

윤태환 대표가 초등학생 때 읽었다는 『실험실 지구』을 찾아 읽었다. 지금은 절판되어 중고서점에서 구했다. 내가 좋아하던 사이언스북스의 『사이언스 마스터스』 시리즈의 열 번째 책이었다. 그

시리즈를 탐독하던 시절이 대학생 때다. 그런데 그는 초등학교 6학년에 읽었다고 하니, 역시나 될성부른 나무는 떡잎부터 남다른 모양이다. 시종 진지하고 신중하며 사려 깊은 사람이었다.

지난 6월 21일은 '세계 로컬화의 날World Localization Day'이었다. 『오래된 미래』의 저자 헬레나 호지가 이끄는 '로컬 퓨처스Local Futures'에서 정한 미래를 기념하는 날이다. 생명살림도시를 표방하는 춘천시가 준비 중인 '생명:하다, 춘천써밋'을 소개할 수 있는 1시간을 할당받았다. 나는 그간 인터뷰해 왔던 스타트업 CEO들도 소개하고 싶었다. '생각하다', '생활하다'에 '생산하다'까지 결합되어야 생명하는 문명, 살리는 문명, 생명문명이 가능하다고 보기 때문이다. 강원도 태백에서 거둔 루트에너지의 성과를 전 세계 로컬 운동가들에게 알리자고 했더니, 아직은 이르다며 손사래를 친다. 태양광 커뮤니티 펀딩에 투자한 태백 주민들의 만족도를 이제야 모니터하기 시작했다는 것이다. 그들이 얼마나 행복감이 높아졌는지 제대로 추적해야 한다는 것이다. 채 1만 명도 되지 않는 참여자 규모는 본인이 목표로 하는 수십만, 수백만에 한참 모자라다고도 했다. 그 정도의 성취를 이룬 다음에야 당당하게 루트에너지를 세계를 향해 소개하고 싶다는 것이다. 춘천 행사의 총기획자로서 아쉬움이야 말할 바 없으나, 그의 이러한 태도에 더 큰 감동을 받았다. 울림이 있고 떨림이 있는 사람이다. 믿음직스러웠고 미래가 더욱 기대되었다. 당장 나부터 루트에너지의 앱을 다운로드했다. 밝은 미래를, 청정한 미래를 접속하는 가장 쉬운 방법이기도 하겠다.

에너지 민주주의, 라는 말을 거듭 곱씹어 본다. 에너지 시민성, 참여 에너지라는 표현도 흥미롭다. 기왕의 민주주의는 역시나 인간 중심, 사람과 조직이 쥐고 있는 권력과 권한을 민주화하는 데만 골몰했던 것 같다. 권력 Power의 근간에 에너지 Energy가 있다. 에너지를 얻는 자, 권력을 손에 쥘 수 있었다. 그 에너지의 생산과 유통과 소비를 민주화시켜야 권력의 민주화도 내실을 다질 것이다. 20세기 에너지 산업처럼 계층적이고 위계적이며 지휘 통제적인 세계도 없었다. 대형은행은 대형에너지 자산에 투자하고, 대형발전소는 개인과 가정, 기업에 에너지를 판매했다. 에너지는 한 방향으로 흐르고, 현금은 반대 방향으로 흘렀다. 대형 에너지기업의 의사결정은 소수의 개인과 이사회에서 이루어졌으니 사용자와 사회는 배제되어 왔던 것이다. 참여 에너지란 에너지를 최종적으로 소비하는 개인과 가정과 지역사회에 에너지의 발전과 송전과 저장과 관리와 거래에 참여할 수 있는 수단을 제공하는 것이다. 루트에너지의 실험이 기대가 되는 것은 여기에 참여금융까지 접목시켰다는 점이다. 개인과 가정과 지역사회가 자신들이 사용할 에너지 자산에 직접 투자할 수 있는 길을 열어 준 것이다. 개인과 지역에 권능을 부여하는 것 Empowerment이다.

지역 분권을 이야기한 지 이미 오래되었다. 권력의 분산을 논

의한 지도 한참이다. 그럼에도 서울 중심, 수도권 중심, 대기업 중심의 사회체제가 크게 달라지지 않았다. 아니 집중도가 도리어 더 심화되었다. 그 모순의 근저에 만물과 만사를 움직이는 근원, 에너지 문제가 도사리고 있었는지도 모른다. 윤태환 대표가 직접 정치를 언급한 적은 단 한마디도 없었으나 그가 하는 사업은 근본적으로 정치적이다. 혁신적인 에너지-파이낸스-로컬 비즈니스의 융복합으로 산업화 세대와 민주화 세대가 합작한 한국 근대화의 결실, 서울공화국의 적폐를 청산할 수 있을지 모른다. 인터뷰를 정리하던 와중에 새만금개발공사의 강팔문 사장을 뵈러 갈 일이 생겼다. 새만금 일대에도 루트에너지가 참여한 태양광발전과 풍력발전이 가동되고 있었다. 산부터 섬까지, 전국 방방곡곡에 루트에너지의 흔적을 발견할수록 한국의 민주주의는 뿌리로부터 달라질 법하다.

지난 8년 잘 버텨내 기본기를 탄탄히 다졌으니, 앞으로 10년이 관건이 될 것이다. 10년이면 강산이 바뀌고, 강산江山이 바뀌는 10년이 삼세 번, 한 세대가 이어지면 재조산하再造山河, 새 나라를 이룰 수도 있다. 파괴적 혁신이 일어날 것 같다. 핸드폰이 유선전화 시장을 붕괴시키는 데 필요한 시간이 10년이었다. 스마트폰이 디지털 산업의 패러다임을 바꾸어 버리는 데도 10여 년이 소요되었을 뿐이다. 구리가 모자라서 유선전화 비즈니스가 종식된 것이 아니다. 핸드폰이 더 빠르고 더 깨끗한 서비스였기 때문이다. 스마트폰이 더 편리하고 매력적인 도구였기 때문이다. 누구나 콘텐츠를 생산하고 저장하고 전송하고 소비할 수 있는 권능을 부여한 것이다. 스마트폰을 쥐고 있는 이용자에게 권력을 선사한 것이다. 기왕의 미디어산업과 통신산업을 '참여 소비자'들이 뒤흔들어 버린 것이다.

그러나 기술 혁신만으로 기왕의 상품과 산업을 몰아내 시장을 붕괴시키는 것은 아니다. 기술 혁신 못지않게 비즈니스 모델의 혁신도 수반이 되어야 한다. 공학에 경영학이 결부되어야 한다. 그중에서도 으뜸은 역시 금융 혁신이다. 일백 년 전의 사례를 복기해 볼 필요가 있다. 1918년 미국에서 자동차를 보유하고 있는 가정은 8퍼센트 남짓이었다. 상위 10퍼센트에 드는 사람들만 소유할 수 있는 고급의 사치재였던 것이다. 그러나 불과 10년 만에 80퍼센트 집안이 자동차를 보유하게 된다. 자동차 기술이 혁신에 혁신을 거듭해서가 아니었다. 엔진이나 변속기를 새로 달았다고 자동차가 날개 돋친 듯 팔려나간 것이 아니다. 아주 작은 금융의 혁신으로부터 말미암았다. 할부금융이라는 당시로서는 전례가 없던 신상품을 개발해 낸 것이다. 한 번에 제값을 지불하지 않고도 자동차를 구매할 방법을 고안해 낸 것이다. 그 10년간 자동차를 구매한 사람의 8할이 할부금융으로 구매했다. 금융의 혁신이 자동차 산업의 폭발적인 성장을 견인했다. 태양광 기술도 나날이 진화하고 있다. 패널의 효율도는 날로 높아지고, 배터리의 저장 기술도 점점 고도화되어 간다. 전기자동차와 자율차 역시도 앞으로 10년 비약적인 성장을 이룰 것이다. 이 모든 생명산업 생태계가 공진화하여 그린-클린 에너지 비즈니스를 추동해 갈 것이다. 다시금 화룡점정이 금융이 될지 모른다. 이 거대한 에너지 대전환의 물결에 개개인이 동참하고 기여하고 그 결실을 나누어 가질 수 있는 참여금융의 혁신적 솔루션을 루트에너지가 제공해 주고 있기 때문이다.

지난 20년, 생명평화운동이라는 것이 있었다. 죽임의 문명을 살림의 문명으로 반전시키려는 깨어 있는 사람들의 정성스러운 운동이었다. 그 생명평화운동의 메카라고 할 수 있는 곳이 지리산의 실상사다. 도법스님이 터하고 계신 곳이다. 스님을 뵈러, 또 생명평화운동의 차세대 3040 활동가들을 만나러 지리산으로 향했다. 테슬라를 몰고 가며 탄소 한 움큼 배출하지 않고 세 시간을 달렸다. 기왕의 생명평화운동에 가지는 터럭 하나의 아쉬움이 바로 이 지점이다. 새로운 생각이 있었다. 새로운 생활도 있었다. 그러나 새로운 생산에는 이르지 못했다. 생각과 생활과 생산의 선순환으로 새로운 생명문명의 건설까지는 이루지 못한 것이다. 어디까지나 생명평화 '운동'에 그쳤다. 운동이 문명으로 나아가는 데, 대안이 대안으로 그치지 않고 주류로 진화하는 데 필히 기술과 경영과 금융이 접목되어야 할 것이다. 그러한 고민과 고뇌가 켜켜이 쌓여 있었기에 2021년을 맞이하여 나부터 생명산업 스타트업의 CEO를 만나고 다니기 시작한 것이다.

물론 나는 시장이 모든 것을 해결해 줄 것이라 믿는 순진한 시장 숭배자도 아니요, 『포스트-피크』에서 설파하는 것처럼 시장 경쟁이 강요하는 기술혁신이 환경문제까지 완전히 해소해 줄 것이라는 환상도 일절 품고 있지는 않다. 그러나 그렇다 하더라도 시장의 혁신이 상당한 에너지 절감 효과를 가져올 수 있음을 무시하고 자본과 기업과 금융에 담을 쌓고 땅으로 돌아가는 것만이 능사라고 여기지도 않는다. 올해가 마침 〈녹색평론〉 창간 30주년인 바, 녹색평론과 녹색대학과 녹색연합과 녹색당 등등 녹색진영에서 고수해 왔던 농본주의적 생각과 생활에 일대 파괴적 혁신이 필히 요청될 것이라는 입장이다. 인류사를 곰곰 되돌아보면 농업의 시작이야말로 가장 인위적이고 작위적인 자연에 대한 개입의 출발이었기 때문이다. 즉 농업은 태초부터 자연스럽지 않았다. 자연을 강조하며 기술과 산업과 공학을 배타하는 것은 매우 부자연스러운 일이다.

지성이면 감천이라고, 이제야 때가 오고 있는지도 모른다. 정부도 '그린뉴딜'을 설파하고, 기업도 ESG로 전속력으로 달려가기 시작했다. 앞으로 10년, 이 거대한 물결에 적극적으로 타고 올라 그린 워싱 Green Washing이 아니라 그린 웨이브 Green Wave로 심화하고 확장하는 데 적극적인 역할을 도맡아야 할 것이다. 이 세상이 흑 아니면 백으로 양단간에 나뉘는 것이 아니라고 생각한다. 모 아니면 도라는 태도 또한 무책임할 수가 있다. 생명평화운동가들과 생명산업 비즈니스맨들부터 눈빛을 나누고 지혜를 모아야 한다. 대동소이, 구동존이의 태도를 견지하며 기왕의 좌/우, 노동/자본, 진보/보수, 농촌/도시라는 낡은 구도를 혁파하는 대통합과 대연합과 대연정을 솔선수범할 수 있으면 좋겠다.

그런 점에서 나는 '지구 공학Geo-Gngineering'조차도 마냥 삐딱하지만은 않다. 지구에 대한 인간의 개입의 끝판왕이 지구공학이라 할 것이다. 이미 대기 중의 탄소를 포집해 돌로 만들어 땅에 묻어버리는 기업도 생겨났다. 우주에 방어막을 설치해 지구에 내리쬐는 일사량을 줄이려는 스타트업도 등장했다. 이 모든 사업이 시행착오를 반복하다 죄다 실용성이 없는 것으로 판명될지도 모른다. 이러한 인위적인 지구 관리는 결국 차선책에 그칠 뿐이라는 점 역시도 너무나도 잘 안다. 그러나 그 무모한 시도와 도전에 있었기에 인류가 진화하여 현재의 문명까지 이룩할 수 있었다는 사실 또한 외면할 수 없다고 생각한다. 앞으로 더 많은 사람이 무모한 도전, 무한도전에 나설 것이다. 그들을 향해 미리 녹색 근본주의의 견지에서 그것은 답이 아니라고 자신 있게 말할 수 없을 것이다. 그렇게 단정 짓는 사람이야말로 교만하고 오만한 것이며 인류의 진화에 훼방을 놓는 것일 수도 있다. 현재 등장하고 있는 수많은 기후-테크Climate-tech, 어스-테크Earth-Tech 가운데 그 어느 것도 금세기에 현실이 될 수 없다고 해도, 그 가능성과 기회를 탐구하고 실험하는 일만은 배척할 것이 아니라 쌍수를 들고 환영해야 할 일이다.

마이셀프로젝트는 땅에서 피어나는 곰팡이, 균사체에서 지구의 미래를 구한다. 마린이노베이션은 지구의 7할, 바다의 해조류에서 청정한 환경의 대안을 찾는다. 루트에너지는 태양이 떠 있고 바람이 불어오는 하늘로부터 지속가능한 인류의 내일을 열어 가고자 한다. 하늘과 땅 사이에 우뚝 솟아난 것이 산이다. 한국은 국토의 7할이 산이라고 한다. 그 산에서 산삼을 키우는 여성 CEO가 있다. 그런데 사람이 산삼을 재배하는 것이 아니었다. 로봇이 한다. 로봇공학과 임업의 창조적인 융복합, 심바이오틱의 김보영 대표를 만나러 간다. 첩첩산중 강원도에 산다. 굽이굽이 원주와 평창을 차례로 찾았다.

로봇이 정말로 필요한 곳은 한국의 농촌이라는 생각에 이르렀다.
노령화가 한국처럼 급속도로 진행되는 나라가 없다.
농촌을 되살리기 위해서라도 '인공 농민'이 필요했다.
귀국을 넘어 귀촌까지 하기에 이르렀다.
이탈리아 남편과 로봇을 장착하여 산촌에 당도한 것이다.

4장

K-애그리테크 프런티어

"나무를 심는 로봇"

AGRI-TECH FOR YOU

SYMBIOTIC
심바이오틱

김보영 대표

"기계는 곧 인간의 영역을 뛰어넘을 것이다"

K-테크

부다페스트역, 기차는 떠났다. 황망하게 길을 잃었다. 새로운 길을 찾고자 멀리 떠난 차였다. 본디 외교관이 되고 싶었다. 하루 이틀의 소망이 아니다. 중2 때부터 오래 품었던 꿈이다. 외교관이나 장교가 되어 나라에 도움이 되는 사람이 되고 싶었다. 잠자는 시간을 제하고 하루 15시간씩 공부했다. 그런데도 한 번, 또 한 번 연거푸 고배를 마셨다. 설상가상으로 외무고시 자체가 폐지되었다. 10년 공든 탑이 허물어지는 순간이었다. 하필 그 무렵에 정서적으로 의지하던 강아지마저 잃어버렸다. 자칫 폐인이 되겠기에 부랴부랴 직장부터 구했다. 학원 영어 강사로 일했다. 그러나 만족스럽지 못했다. 공부를 더 하고 싶었다. 먼저 눈길이 향한 곳이 유럽이다. 국제정치에 관심이 많았기에 EU법도 솔깃했다. 유학 준비와 답사를 겸하여 여행을 떠나기로 했다. 산티아고를 순례하며 마음을 다스리고 의지를 다지고 싶었다. 비행기 티켓과 유레일 패스만 끊어 배낭 하나 달랑 메고 유라시아의 서쪽 끝으로 떠났다. 그런데 그것마저 여의치 않았다. 어제도 일찍 떠난 기차가 오늘은 더 일찍 출발한 것이다. 계획해 둔 일정이 제대로 헝클어지고 말았다. 심리적으로 힘들어 멀리 떠나온 낯선 나라, 걷고 또 걷느라 이미 엄지발톱 두 개가 다 빠져 양말마저 붉게 물들었다. 이대로 그만 털썩 주저앉고 싶었다. 펑펑 목 놓아 울고 싶었을지도 모른다. 바로 그때 누군가 말을 걸어왔다. 새로운 인생이 시작되는 순간이었다.

이탈리아 남자였다. 이탈리아는 부러 가지 않으려고 했던 나라였다. 이탈리아 남성들에 대한 소문이 좋지 않았다. 여자 혼자 여행하기에는 어쩐지 꺼림칙한 나라였다. 그런데 그 나라에서 온 젊은 친구였다. 그 또한 기차를 놓쳤다고 한다. 어떻게 할 거냐, 어디로 갈 거냐, 자꾸 귀찮게 말을 걸었다. 엉뚱하기가 이를 데 없었다. 타는 속을 달래려고 콜라를 벌컥벌컥 들이켰다. 이제껏 마신 콜라 가운데 가장 시원하고 상쾌하고 청량한 경험이었다. 기록해 두고자 카메라를 꺼내 들어 찍었다. 그런데 그 모습을 보더니 "너희 나라는 콜라가 없니?"라고 물어보는 것이다. 잠자고 있던 애국심이 불끈 솟아올랐다. 나 한국 사람이야, 너 한국 몰라? 쏘아붙였다. 그런데 모른단다. 무식한 놈이다. 편의점에 갔더니 이번에는 초콜릿을 사서 건넨다. "이게 초콜릿이야." 하고 내미는 것이다. 도대체 이 남자는 나를 뭐로 보는 것일까? 탈북이라도 한 것처럼 보이는 걸까? 몰골을 보니 그럴 수도 있겠다 싶었다. 그런데 북한 또한 모른다고 한다. 아시아에 대해서는 도통 무지한 유럽의 젊은 사내였다.

인문사회에 관심이 덜했던 반면으로 과학과 공학에서는 천재적인 친구였다. 갈릴레오 갈릴레이 과학 고등학교 출신이다. 유럽, 아니 세계 최고의 과고에서 공부했다. 대학도 이탈리아 최고 명문이라 할 수 있는 파도바국립대학에 다니고 있었다. 방학을 맞이해 배낭여행을 다니던 차다. 어차피 일정도 틀어진 김에 이탈리아의 본인 집으로 초대하고 싶다는 뜻을 밝혔다. 과연 이탈리아 남자들은 유난히 밝히는구나, 오해하기 십상이었다. 그런데 짓궂은 미소 너머 눈빛이 한없이 맑았다. 걱정은 하지 말란다. 가족이 함께 사는 집이란다. 산티아고에 가려면 제대로 챙겨 먹고 깨끗하게 씻고 준비를 잘해서 가야 하지 않겠느냐며 설득한다. 차림새가 영 딱해 보였던 모양이다. 그리하여 얼떨결에 이탈리아로 가는 기차를 타게 되었다. 인생의 반려가 되는 여행길이 될지는 미처 예상치 못했다.

대가족이었다. 부모님만 함께 사는 것이 아니었다. 할머니, 할아버지에 큰형 작은형에 누나 등등 식구가 여럿이었다. 번듯한 집안이기도 했다. 외가로는 변호사가 많았다. 그런데 딱딱한 사무실에서 근무하는 법률가만도 아니었다. 농업 법인을 만들어 사회적 농장을 경영하고 있었다. 할아버지가 설립자였던 것이다. 알고 보니 2차 세계 대전을 거치며 폐허가 된 시골 마을을 다시 일으켜 세우는 데 중추적인 역할을 한 베네토주의 아주 유명한 농장이었다. 이 농장에 대한 박물관도 만들어져 있을 정도다. 농민들이 이렇게 잘 살 수도 있고, 농업이 이렇게 매력적이고 멋있는 일이 될 수 있다는 사실에 처음으로 눈을 뜨는 순간이었다. 주중에는 베니스에서 근무하는 사람들도 주말농장 삼아 많이들 놀러 왔다.

농장에서 딴 토마토로 만든 파스타에 농장에서 재배한 포도주를 곁들인 근사한 저녁 식사는 과연 일품이었다. 나라 사랑이 유별났던 고로 한국의 농촌과 비교해 보게 되었다. 고된 노동으로 시달리고 궁상맞은 살림살이로 피폐해진 어르신들이 절로 떠올랐다. 스마트팜이라며 바가지를 잔뜩 쓰고 손해만 보는 청년 농부들도 떠올랐다. 이탈리아의 사회적 농장을 잘 배워서 한국의 농촌과 농민과 농업을 살릴 수 있지 않을까 궁리했다. 학원 강사직을 그만두고 농장에서 일하기로 결심한다. 거처와 직업 모두 단숨에 바꿔 버린 것이다.

훗날 남편이 되는 토스케티 지안 마리아는 탁월한 엔지니어이기도 했다. 발명가의 피를 물려받았다. 아버지는 건축학과 교수로 기계 관련 특허만 수십 개에 달한다. 농장 지하실은 온갖 공구와 기계설비가 갖추어진 공장이었다. 농업과 공업의 융합을 가업으로 전수받은 셈이다. 이탈리아는 휴가가 길기로 유명하다. 야생의 자연 속에서 긴 시간을 보내는 이들도 많다. 그만큼 조난 사고도 심심찮게 일어난다. 구조견만으로는 충분히 대응하기 어려웠다. 그래서 구조견을 대신할 수 있는 로봇을 개발하던 친구였다. 대학생 시절부터 구조 로봇의 다리 모듈을 개발하고 있었다. 밋밋한 공장 바닥이 아니라 험한 산지를 오고 갈 수 있는 로봇을 만들려면 특별난 기술과 디자인이 필히 요청되었다. 그 원형이 되는 아이디어를 대학생 시절부터 궁리해 온 것이다.

그런데 로봇이 정말로 필요한 곳은 한국의 농촌이라는 생각에 이르렀다. 노령화가 한국처럼 급속도로 진행되는 나라가 없다. 인구소멸이 농촌의 자연소멸을 이끌고 있다. 농촌을 되살리기 위해서라도 '인공 농민'이 필요했다. 귀국을 넘어 귀촌까지 하기에 이르렀다. 그 이전만 해도 부산과 서울 등 도시서만 살았다. 그런데 이제는 이탈리아 남편과 로봇을 장착하여 산촌에 당도한 것이다. 두 사람을 만난 곳도 강원도 산골짜기였다. 원주에는 로봇을 개발하는 연구소가 있었고, 평창에는 로봇으로 농사를 짓는 농장이 있었다.

때는 3월 말, 아직 파종하기 전이었다. 말끔한 정장 코트 차림에 뾰족한 구두를 신은 모습이었다. 이렇게 예쁘게 치장하고 사람을 만날 수 있는 시간이 드물다고 한다. 작업복과 장화가 평상시

옷차림이다. '웃픈' 에피소드가 많았다. 평창에 구한 땅이 동계올림픽을 진행하기 위해 만든 KTX 역 근방이었던 모양이다. 동네 주민들이 수군거렸다. 중국 여자와 러시아 남자가 역사를 지으러 왔다는 것이다. 실제로 남편은 180센티에 가까우리만큼 키가 훤칠했다. 북방에서 온 여자라고 오해를 살 만하다. 외국인 노동자인 모양인데 특히 중국 여자는 한국말을 아주 잘한다며 화제가 되었단다. 실은 한국 사람이고 이탈리아에서 온 공학자 남편과 로봇을 개발하여 임업을 혁신시키겠노라고 포부를 밝히니 아서라 만류하는 할머니들이 많았다고 한다. 세상 물정 모르는 도시 아가씨와 외국인 청년의 결합에 아뿔싸 의구심을 품은 것이다. 처음 올 때는 이뻤던 얼굴이 갈수록 새까맣게 타 간다며 우리 딸이라면 당장 돌아가라고 했을 거라는 식이다. 하루는 화장실에 갔더니 흙 묻은 시커먼 장화만 보고 여자 화장실에 웬 남자가 들어와 있다며 난리가 났던 일화도 있었다. 하소연하는 아내에게 지중해 출신 남편은 자그마한 리본을 장화에 달아 주었다.

그러함에도 단둘만으로 버티고 또 견디었다. 집도 없고 아기도 없이 오로지 로봇 개발에 혼신을 쏟았다. 쉬는 날이나 쉬는 시간이 따로 있지 않았다. 모든 날과 모든 시간을 오롯이 투자하고 투신하여 로봇처럼 일했다. 모자라는 돈은 영어 강사를 하고 코딩 교육을 하고 산불 방재 활동을 하거나 지게차를 끌면서 닥치는 대로 충당했다. 그러나 그 고됨의 토로가 투정이나 푸념으로 들리지 않았다.

도리어 자신만만했고 패기가 넘쳤다. 그만큼 기술적 완성도와 독보성에 확신이 있는 것이다. 특허출원은 이미 마쳤고, 2021년 하반기에는 정식으로 시장에 출시될 예정이다. 스타트업인데도 현대모터스를 경쟁사로 여길 만큼 탄탄한 실력을 갖춘 것이다. 농협중앙회에서 기대를 크게 걸고 있다고 한다. 평창 농장에 차린 컨테이너 하우스에는 이들의 야심이 고스란히 묻어나는 사진도 붙어 있었다. 아마존도, 애플도, 구글도 출발은 미미했다. 그들 역시 허름한 창고에서 시작해 오늘의 빅테크를 일군 것이다.

4월, 농사를 시작하면 섬섬옥수 고운 손도 카드를 내밀기에 부끄러울 정도로 엉망진창이 된단다. 농사철이 아니라서 한껏 멋을 낸 네일아트에도 회사의 로고가 새겨져 있었다. "Agri-Tech for You"라는 비전에 많은 것들이 함축되어 있었다. 농업과 기술을 결합시킨다. 로봇과 사람을 연결시킨다. 인간과 기계의 공생으로 자연과의 공존을 도모한다. 자연선택의 결과로 사람이 나왔다. 인간의 인위적 선택으로 가공의 존재를 만들어 내었다. 그 인공적인 존재가 이제는 이 땅을 대표하는 작물인 산양산삼을 키우게 될 것이다. 로봇공학과 임업의 결합, 인공지능AI과 무위자연의 결합, 활물과 생물의 융합, 최신의 공학기술로 한국을 대표하는 산삼을 재배하는 K-애그리테크의 프런티어, 심바이오틱 김보영 대표와의 만남을 소개한다.

이병한   반갑습니다. 설렘을 안고 강원도에 왔습니다. 이곳 공간 이야기부터 먼저 해 볼까요? 왜 평창을 선택하신 걸까요? 평창에서 기회를 제공했거나 혜택을 주었나요?

김보영   그런 건 전혀 아니고요. 노지형 로봇을 제대로 만들려면 삼림이 많은 현장이 반드시 필요했습니다. 실제로 우리가 농사를 지으면서 농민들이 필요한 기술이 무엇일지를 체득해야 한다고 여겼어요. 고객의 니즈를 온몸으로 파악해 내는 것이죠. 그리고 그 기술 개발이 상용화되고 실용화되기 위해서는 수많은 테스트를 거쳐야 합니다. 이걸 우리가 직접 다 하기 위해서는 반드시 현장에서 일해야 한다고 판단한 것이죠, 산이 많은 지자체를 찾아다녔고, 평창으로 과감하게 귀촌하게 된 배경입니다.

버려진 땅이 꽤 많았어요. 평창이 올림픽 유치를 세 번이나 시도했잖아요? 그때마다 건물을 짓는답시고 투기 바람이 한참 불다가 유치에 실패하면 땅값도 떨어지고 부도가 나는 등 부작용이 많았다고 합니다. 버리고 간 땅들이 적지 않더라고요. 그런데 건축 폐기물 같은 쓰레기도 땅속에 엄청나게 파묻어 두고 가 버린 거예요. 지자체도 수습이 어려워 쉬쉬하고, 그 땅을 누가 손대서 어찌해 볼 수 없는 상황이었죠. 저희는 그 엉망이 되어 버려진 땅을 되살려내서 우리의 첫 번째 농장으로 만들어야겠다고 결심했습니다. 파묻혀 있던 쓰레기를 다 캐내서 분리수거하고 폐기물도 처리하고 돌도 파내고, 그 모든 과정을 둘이서 맨손으로 해냈어요. 정말 안 나오는 물품이 없더라고요. 침대 매트리스며, 의자며, 변기까지. 그렇게 3년을 꼬박 투자해서 1,500평 되는 부지가 이제는 저희 땅이 된 겁니다.

이병한 이탈리아에서 하면 훨씬 편하지 않았을까요? 근사한 농장도 이미 마련되어 있고요. 집안부터 학벌까지 이탈리아에서 아주 잘 나가는 젊은 청년이 헝가리에서 우연히 한국 처자를 만나서 여기 대한민국하고도 강원도 평창에서 고군분투하고 있음이 참으로 아이러니합니다. 사랑의 힘일까요? (웃음)

김보영 사랑의 힘이겠죠? 강원도의 힘도 있습니다. 이탈리아는 지형이 광활해요. 토지가 판판한 편이죠. 토성도 한국과는 매우 다르고요. 저희는 처음부터 기술만 개발해서 로

열티만 받는 것을 목적으로 하지 않았습니다. 하드웨어 부터 소프트웨어까지 모든 영역을 망라한 패키지 전략을 추구했어요. 그만큼 시장 또한 개척해야 했고요. 무엇보다 이곳 강원도 땅에서 기술 고도화를 이루어낸 다음에 대한민국을 세계에 알리는 데 기여하고 싶었습니다.

이병한   지금은 기술입국, 기술대국이 되는 게 가장 큰 애국이기도 하겠죠. 현대모터스가 보스턴다이나믹스를 인수했죠.[1] 보행 로봇인 데다가 다족 로봇인지라 심바이오틱의 로봇과 겹치는 점이 적지 않은

---

1   보스턴 다이내믹스는 1992년 미국에서 시작된 로봇공학 스타트업 기업이며, 2013년 구글에서 인수하였다가 2017년 일본의 소프트뱅크로 인수되었다. 이후 로봇의 양산화 문제로 2020년 현대자동차그룹이 9억 2100만 달러의 금액으로 인수하여 80퍼센트의 지분을 현대로 인계하였다.

것 같습니다. 그런데도 보스턴다이나믹스의 문제점을 기술적으로 해결하는 특허를 출원했다며 자신만만하신데, 어떤 점이 그런 걸까요?

김보영 특허는 2020년 6월에 이미 출원했고요. 2021년 정식으로 등록되었습니다. 곧 시장에서 만나보실 수 있어요. 보스턴다이나믹스의 로봇 제품들은 딱딱한 바닥에서는 큰 문제 없이 원활하게 구동이 가능합니다. 하지만 논과 밭 등 농업용으로는 적당치가 않습니다. 특히 산악지형에서는 거의 구동이 되지 않아요. 토지가 부드러우면 미끄러지거나 빠지기 십상이고, 요철이 있어도 잘 넘어가지 못하거든요. 즉 공장용 로봇인 셈이죠. 저희는 이 문제를 해결할 수 있는 '레그Leg'와 '풋Foot'을 독자적으로 개발해 낸 것이에요. 산에서도 밭갈이할 수 있는 농업용 로봇인 겁니다.

아울러 농업과 임업에 활용할 수 있는 AI 소프트웨어도 함께 개발했습니다. 센서를 장착하고 AI 코딩도 직접 해서 하드웨어와 소프트웨어를 패키지로 한 특허를 인정받은 것이죠. 즉 기존처럼 3차 산업에 최적화된 공장용 로봇이 아니라, 농림수산업 즉 1차 산업의 자연 현장에서 곧바로 사용할 수 있는 로봇 기술을 확보했다는 점에서 심바이오틱의 경쟁력이 있습니다.

이병한 그 AI 로봇을 통해서 산양 산삼을 재배하시잖아요? 왜 하필 산삼
이었을까요?

김보영 일단 산삼이 농산물 가운데 가장 부가가치가 높습니
다. 또 한국을 상징하는 농산물이기도 하죠. 고려인삼은
1,000년 전부터 세계인들에게 널리 알려진 작물이잖아
요? 그만큼 이 땅의 기운이 듬뿍 담긴 식물이라는 점도
매력적이라고 생각했습니다.

반면에 엄청난 노동력이 투입되어야 해요. 일단 산에 가
서 직접 심어야 하고요. 제초 작업도 해 주어야 하죠. 노
동 생산성이 매우 떨어지는 작물이에요. 우리가 산양 산
삼 파종기를 로봇으로 구현할 수 있다면 가장 어려운 기
술적 난제를 해결하는 것이 됩니다. 즉 산삼을 재배할 수
있다면, 다른 어떤 밭작물도 키워 낼 수 있다는 뜻이거든
요. 가장 어려운 과제에 가장 먼저 도전한 것이죠. 부정
형 요철 경사를 자유롭게 오갈 수 있는 하드웨어를 개발
해야 했고요, 수시로 변하는 환경에 적응하고 대처하는
AI 소프트웨어도 개발해야 했습니다. 파종과 관련된 농
업 지식 공부도 병행해야 했고요. 오래된 농업의 지혜와

새로운 로봇의 기술을 총결합해서 AI 로봇 파종기를 완성한 것이죠.

그런데 그것만으로도 끝이 아니에요. 강도 실험도 반드시 거쳐야만 합니다. 몇만 시간 이상의 일정한 사용 가능 시간이 확보되어야 상품으로서의 가치도 확보할 수 있죠. 이런 걸 전부 테스트하느라 시간이 정말 많이 필요했습니다. 그간에 망가지고 보수했던 로봇이 하나둘이 아니에요. 이제야 데이터가 충분히 쌓여서 시장 출시가 가능해진 것입니다. 2021년 11월이면 구매가 가능할 거예요.

이병한   테슬라 등 전기차가 각광받으면서 LG 화학 등 배터리 시장이 활황이잖아요. 로봇도 배터리가 필요한 것이겠죠?

김보영   물론입니다. 그리고 저희는 로봇용 배터리도 독자적으로 개발했어요. 충전소도 개발했고요. 그동안 개발해 왔던 다양한 기술을 총망라한 라인업으로 패키지 상품을 대거 출시할 예정입니다. 충전소도 충전만 하는 것이 아니라 로봇과 드론의 보수와 진단, 수리까지 병행하는 장소로 만들었어요. 자동 호출 기능도 넣어서 응급 상황에 대응할 수 있는 기능도 탑재했고요. 2021년 봄 농사 파종부터 제초까지 일련의 제품들이 모두 투입될 예정입니다.

여러모로 언론의 주목을 받게 되지 않을까 기대하고 있습니다.

이병한 파종하는 로봇은 작년에 이미 시험해 보았다고 들었는데요. 주변 반응이 어땠는지 궁금합니다.

김보영 처음에는 어르신들이 반신반의하셨어요. 젊은 사람들이 산골에 들어와서 기계로 뭘 해 보겠다는데 잘되겠어? 하고 회의하시는 경우가 많았습니다. 그런데 실제로 가동되는 AI 트랙터를 보시고는 금방 마음을 열어 주시더라고요. 로봇에 대한 인식 전환이 순식간에 이루어졌습니다. 역시 백 번 듣는 것보다 한 번 보는 것이 효과적이더라고요. 일일이 손으로 직접 해야 했던 일을 로봇이 대신해 주니까, 저런 장비가 있다면 더 나이가 들어서도 계속 농사를 지을 수 있겠구나 하고 호의적이셨죠. 실제로 AI 트랙터는 사람이 직접 하는 파종보다 5배 속도에 4배의 작업량을 소화할 수 있어요. 농촌 인구가 줄어들고 고령화가 심해지고 있음은 이미 널리 알려진 사실이잖아요? 그간에는 그 빈 구멍을 메워 준 것이 외국인 노동자들이었는데요. 작년에는 코로나 팬데믹으로 외국인 노동자의 충원도 쉽지가 않았습니다. 여러 가지 이유로 로봇이 농촌을 지속시키고 농업을 유지하면서 농민을 보조하는 데 결정적인 역할을 하게 될 거라고 생각합니다. 당장 가격을 궁금해하시는 어르신들이 참 많으셨어요. 할부 구입도 가능한 것이냐고 여쭤도 보시고요.

이병한 실제로 어떠한가요? 가격 설정과 판매 전략도 궁금합니다.

김보영 옵션에 따라 달라지는데요. 3천만 원에서 6천만 원 사이가 되지 않을까 싶습니다. 더 다양한 기능을 추가한다면 비용도 그만큼 올라갈 것이고요. 판로에 대해서는 농협중앙회가 큰 도움을 주고 있습니다. 농협의 디지털 혁신부와 시장 출시 이후의 전략에 대해 협력하고 있어요. 농협을 통해 로봇을 렌탈하거나 리스할 수 있도록 만들려고 합니다. 먼저 빌려서 사용해 보고 만족도가 높으면 구입하는 편이 훨씬 합리적이라고 판단할 수 있을 것 같아요.

이병한 드론은 어디에 쓰이는 걸까요?

김보영 제초 작업에 큰 역할을 합니다. 기존의 제초 분사기는 나무 윗부분만 뿌릴 수 있었어요. 그래서 저희는 프로펠러

모형을 변형하여 나무 안에서도 날릴 수 있는 드론을 개
발하고 있습니다. 그 드론에 탑재되는 분사기를 활용하
면 선택적인 제초가 가능하기 때문에 약품 사용을 획기
적으로 줄일 수 있죠. 그리고 드론의 가장 큰 약점 중 하
나가 구동 시간이 짧다는 것이었어요. 20분 전후였거든

요. 저희는 드론용 배터리를 함께 개발해서 두세 시간 사용이 가능하도록 만들려고 합니다.

이병한 평창 주민들도 솔깃했겠지만, 바로 가까이에 서울대 농생대 캠퍼스도 있잖아요? 그쪽에서도 관심을 가질 법한데요. 산학협력 차원에서 서울 농대와 함께하는 일은 없을까요?

김보영 서울대 학생 중에서도 구경하러 온 친구들이 있었습니다. 장기적으로 헬스케어, 그린케어 등에서 협력할 여지는 있지요. 하지만 지금으로서는 꼭 서울대 이름이 필요하지는 않아요. 저희가 확보한 기술만으로도 능히 독보적이라고 자신하기 때문입니다. 산학협력보다는 주민과의 협력이 더 중요하다고 생각해요. 농촌의 어르신들을 먼저 채용해서 주민 소득 증대에 기여하고 싶습니다.

이병한 조금 전 설명해 주실 때, 풋이나 레그, 숄더라는 표현을 쓰셨잖아요? 일종의 생체모방기술Biomimetics이라고 이해하면 맞는 걸까요? 자연과 대치되는 기술이 아니라 자연의 기능을 모방하는 기술이죠? 자연적 진화의 성취를 기술적 진화에 접목하는 것이라고도 표현할 수 있고요.

김보영 네. 맞습니다. 남편의 전공이 수의과학이기도 했어요. 농축산 엔지니어링 테크놀로지입니다. 대학 시절부터 구조로봇 개발을 시작했기에 연구와 개발 기간이 짧다고 할 수도 없지요. 10년 이상의 세월을 오롯이 이 분야에 투자해 왔다고 할 수 있습니다. 곤충, 어류, 사람, 척추, 뼈, 다리 대퇴부 등 생체기능을 기술적으로 접목해서 로봇 개발에 응용하고 있어요. 저희는 농장에서 농사짓다가 잠자리를 보거나 개구리를 보아도 저들의 날갯짓과 다리의 움직임을 유심히 관찰하고 어떻게 적용할 수 있을지를 늘 궁리하는 편입니다. 잠자리를 방해하는 모기와 파리의 움직임이 드론 개발의 영감을 촉발하기도 하고요. 24시간 내내 아이디어를 구상한다고 해도 과언이 아닙니다.

또 하나 중요한 것이 산지나 논밭에서 작업할 때 실사용자가 어떤 작업을 어려워하고, 꼭 필요한 기능이 무엇인가를 실제로 아는 일입니다. 기술 개발은 활발한데 정작 현장에서 실제로 쓸 수 없는 기술들이 의외로 많아요. 그래서 저희가 연구실에서 개발하는 것이 아니라 산지와 농지를 확보할 수 있는 평창에 직접 내려와 농사를 몸소 지어 보면서 로봇 개발을 하는 것입니다. 아울러 농협중앙회나 주요 대학의 농업연구소 등에서 확보한 데이터와 자료 공부도 열심히 하고 있고요.

이병한 어마어마한 열정과 사명감이 전해집니다. 아주 근본적인 질문을 던져 볼까요? 왜 이 일에 헌신하는 걸까요? 무엇을 위해 꽃다운 청춘 10년을 전력투구하고 있는지 여쭙고 싶습니다.

김보영 후회하는 삶을 살고 싶지 않습니다. 도전하는 삶을 살고 싶습니다. 하고 싶은 일이 있고, 할 수 있는 일이 있습니다. 사회 문제를 실질적으로 해결하고 싶어요. 우리가 확보한 기술을 통해 농촌과 농업과 농민의 문제를 해결할 수 있다고 생각합니다. 그걸 통해서 이윤을 창출하고 지역 사회에 공헌하고 나아가 대한민국의 위상을 높인다면 더없이 영광스러운 삶이라고 생각합니다. 기후위기와 전염병으로 갈수록 식량 문제가 녹록지 않은 과제가 될 것이에요. 그런데 한국은 이제 선진국 반열에 들어서 농업 보조금의 혜택도 줄어들 수밖에 없습니다. 글로벌 시장에서 농업 경쟁력을 높이기 위해서라도 로봇 기술이 이바지할 수 있는 영역이 많아요. 또 그간의 농업용 기계는 환경오염도 많이 시켰는데요. AI와 결합한 로봇은 그린테크와도 깊이 관련되어 있습니다. 식량부터 생태까지 나아가 국제관계에 이르기까지 두루두루 많은 것을 아우

르는 가치 있는 기술이 될 수 있습니다.

이병한 첨단 기술을 통한 농업의 재건과 농촌의 재활이라고 표현할 수 있을까요? 그런데 정작 귀농이나 귀촌을 하시는 분들은 기술에 덜 친화적인 경우가 많지 않나요? 자연과 함께하기 위해 도시 생활을 접고 농촌으로 오지 않을까 싶은데요. 그런 딜레마는 어떻게 생각하나요?

김보영 실제로 귀농하면 오래지 않아서 당장 현실적인 문제에 직면하게 됩니다. 일정한 소득을 창출하면서 지낼 방법을 고민하지 않을 수 없거든요. 한두 해 농사를 시도해 보고는 엄두가 나지 않는다고 말하는 분들도 많았어요. 귀농 초기에 재해율이 특히나 높다고도 합니다. 아직 몸이 익숙지 않고 손발이 서툴러서 많은 사고가 나는 것이죠. 또 소규모 영세한 농사를 지어서는 제대로 된 수익이 나기도 힘들고요. 자연과 가까운 시골살이를 하면서도 일정한 생계를 꾸려 가는 방안으로도 로봇 농업과 임업이 돌파구가 되어 줄 수 있어요. 실은 귀농·귀촌 하는 연세 지긋한 분들 가운데 다양한 영역에서 다채로운 이력을 쌓고 시골에 도움이 되는 재능을 가진 분들이 많거든요. 그분들의 그러한 능력을 지역 사회에 선순환시키기 위해서라도 로봇을 통한 효율적 농업이 일조할 수 있습니다. 농사에 드는 시간은 대폭 줄이고, 그분들의 인생을 통해 축적한 지식과 지혜는 지역화, 사회화하는 것이죠.

이병한 청년층의 농촌 유입에도 도움이 되겠네요.

김보영 그럼요. 산삼의 수익이 아무리 높다고 해도 워낙 노동 강도가 세기 때문에 아무나 이 일을 섣불리 감당할 수가 없어요. 젊은 분들이 귀농하고 귀촌해서 창업하기 위해서라도 다른 방안을 제시할 수 있어야 하죠. 보조금으로 땜질식 처방을 하는 것이 아니라 근본적인 대안을 마련해 주어야 합니다. 삶의 질을 높여 주어야 농촌으로 유입되는 청년층의 인구도 늘어나고, 그래야 지방의 소멸도 막을 수 있을 테니까요. 그러한 미래의 농촌 모델을 만들어 가는 데 저희와 같은 테크 기업들이 할 수 있는 역할이 많다고 생각합니다.

이병한 마리아는 어떨까요? 고국 이탈리아를 떠나 이곳 강원도 산자락에서 청춘을 바치고 있는데요. 어떠한 마음가짐으로 일하는지 궁금합니다.

마리아 우리 가족은 한편으로는 법률가이면서도, 또 다른 쪽으로는 대대로 농업에 종사해 왔습니다. 앞으로 이러한 직업군 형태가 늘어날 거라고 생각해요. 도시와 농촌을 오가며 살아가는 사람들도 많아질 것이고요. 그래서 저는 더더욱 새로운 기술로 전통적인 농업을 되살릴 수 있다고 생각합니다. 이대로 농촌이 자연 소멸하게 되면 농민들을 통해 계승되어 왔던 오래된 지혜들도 함께 사라지게 되거든요. 산에 대해서, 숲에 대해서, 물과 바람에 대해서 면면이 전수되어 온 감각과 지식이 세대 간에 전수되지 못하게 됩니다. 종의 멸종도 있지만, 지혜의 단절이라는 문제도 심각한 거예요. 당장 봄이 되면 지천으로 돋아나는 산나물에 대해 전혀 모르는 젊은이들이 많잖아요? 기후위기와 자연재해가 빈번해질수록 그러한 오래된 지혜가 더더욱 긴요해질 텐데, 정작 이어지지 못하고 있는 것이죠. 저는 AI를 활용한 로봇과 빅데이터로 인간이 오래 축적해 온 지식과 지혜를 계승할 수 있다고 생각합니다. 토착적인 농법의 노하우를 로봇에 전수할 수도 있고요, 토종 종자의 가치를 빅데이터를 통해 보존할 수도 있지요. 그래야 미래의 젊은 농부들에게도 전통을 전수해 줄 수 있지 않을까요? 즉 첨단의 기술과 오래된 지혜가 배치된다고 생각하지 않습니다. 오히려 기술의 도움이 없다면 과거의 지식이 사장되고 중단될 가능성이 더 높은 것이죠.

이병한 흥미로운 견해입니다. 그럼 요즘 한층 회자되고 있는 스마트팜에 대해서는 어떻게 생각하세요? 역시 첨단기술을 통한 미래농업으로 각광받고 있습니다만.

마리아 요즘 농촌에서 지어지고 있는 스마트팜은 지속가능하지 않은 경우가 너무 많아요. 대규모 설비 위주로 공급되고 있고요. 초기 비용 투자는 너무 큰데 생산성은 그리 높지 않은 경우가 많습니다. 농장이 아니라 공장을 짓는 것이죠. 사실상 고비용 그린하우스라고 할 수 있는데, 그 안에 설치된 컴퓨터를 정상적으로 활용하기 위해서는 에어컨을 풀가동해야 하는 경우가 많아요. 또 겨울에는 매우 춥고, 여름에는 엄청 더운 환경이라는 근본적인 딜레마도 있죠. 환경적 영향이나 생태적 비용을 따지면 역효과를 일으키는 경우가 많습니다. '그린'이라는 이름으로 포장하지만, 전혀 그렇지 않은 스마트팜이 적지 않습니다.

이병한 그래서 사실상 공장 시설인 스마트팜 아니라 노지에서의 로봇 기술 고도화를 추구하는 거군요.

마리아 강원도에 살다 보면 건조한 계절에 산불이 자주 납니다. 대형 산불을 진압하는 데도 로봇이 활약할 수 있고요. 구조 로봇이 인명 피해를 최소화할 수도 있지요. 그리고 조림 사업에도 크게 기여할 수 있어요. '나무를 심은 사람'을 돕는 '나무를 심는 로봇'도 충분히 가능하죠.

이병한 흥미롭습니다. 마침 강원도는 남북으로 갈려져 있습니다. 즉 북강원도도 있다는 말이죠. 특히 조림 사업은 북조선에서 하면 정말 좋겠군요. 민둥산이 적지 않다고 들었습니다. 그리고 더 북쪽으로 가면 광활한 시베리아도 있지요. 이주하면 엄청난 땅을 준다고 해도 여전히 사는 사람이 적은 곳이 시베리아인데요. 땅은 넓고 사람은 부족한 러시아의 고질적 난제를 1차 산업에 특화된 로봇이 해결해줄 수도 있겠네요. 시베리아에서의 임업과 농업의 미래에도 로봇이 할 수 있는 일이 무궁무진하겠구나, 라는 생각이 듭니다.

김보영 저희가 작년에 AI 트랙터를 이용해서 꽈리고추 농사를 지었습니다. 저기 보이는 저 밭에서 농사를 지었어요. 꽈리고추는 3일에 한 번씩 수확해야 하는 작물인데요. 로봇을 사용하면 노동시간을 대폭 감축할 수 있어요. 제초 시간이 줄어드는 것은 말할 것도 없고요. 특히 2020년에는 코로나 19 때문에 계절 근로자들이 한국에 일하러 올 수가 없었잖아요. 게다가 장마 기간도 너무 길고 태풍도 세 번이나 왔고요. 그래서 꽈리고추 농사를 포기하신 분들이 많았습니다. 반면에 저희는 로봇을 활용한 덕분에 소출량이 거의 떨어지지 않았어요. 또 작물 사이의 간격을 넓히는 자연농법을 접목시켜서 더 큰 효과도 보았고요. 원래 간격을 좁히면 광합성이 줄고 조도 때문에 생산량도 줄기 마련이거든요. 반면 간격을 넓히면 AI 트랙터가 자유롭게 다니기에도 용이하죠. 투입되는 노동력은 줄고 병충해도 줄고 생산은 늘어나는 효과를 보았습니다. 저 밭이 원래는 논이었던 곳이거든요. 원래 논을 밭으로 바꾸면 농사가 잘 안 된다고 해요. 저런 곳에서도 기술의 도움으로 자연환경의 제약을 극복하고 생태친화적인 농업을 할 수 있는 것입니다.

이병한   미래농업이 스마트팜으로 가는 이유 중의 하나가 기후변화 때문이잖아요? 갈수록 기후변동이 심해질 것이기 때문에 스마트팜을 짓고 그 내부의 환경을 인위적으로 통제하자는 것인데요. 산지와 노지에서 농사를 지으면 환경 변화에 대한 적응력은 그만큼 떨어지는 것은 아닐까요?

김보열   꼭 그렇지는 않습니다. 저희가 소프트웨어까지 개발해서

장착시킨 AI 로봇을 만드는 이유도 바로 거기에 있습니다. 로봇들이 작업하면서 실시간으로 온도와 습도 등 기후변화를 빅데이터로 다 측정하고 축적하고 있어요. 평창군만 해도 워낙 산이 많아서 동네마다 날씨가 다른 경우가 많거든요. 그래서 로봇들이 취합해 낸 빅데이터를 통해서 마을마다 최적화된 솔루션을 제공할 수 있죠. 앞으로 저희가 개발한 로봇들이 전국적으로 판매된다면 전국적인 기후 데이터가 모이게 된다는 뜻입니다.

그리고 시골에는 어르신들이 많잖아요. 그분들의 편의를 고려해서 최대한 쉽고 간단한 어플리케이션도 저희가 직접 만들었어요. 멀리서도 로봇을 통제할 수 있는 리모콘도 제작했고요.

이병한 앱부터 리모콘까지 다 두 분이 만드신다는 말인가요?

김보영 네. 저희가 다 만들었습니다. 모르면 배워서 만들고 실험하고 개발하면서 여기까지 왔죠. 덕분에 비용 절감 효과는 엄청나게 누렸어요. 이걸 다 외주로 주었다면 그만큼 개발 비용은 늘어났겠죠.

이병한 모든 일에 척척척, 만물박사군요. 심바이오틱 SYMBIOTIC이라는 기업 브랜드와 'AGRITECT FOR YOU' 같은 가치와 비전의 설정, 또 디자인과 타이포그래피 등등도 다 두 분이 하신 거고요?

김보영 네, 그렇습니다. 하나부터 열까지 다 저희가 직접 했습니다. 다만 앞으로 로봇들이 대규모로 출시되고 한국만이 아니라 유럽을 포함해 글로벌 시장에 진출한다면, 그때는 전문적인 브랜딩과 컨설팅이 필요하겠다는 생각은 하고 있습니다.

<u>이병한</u>   '심바이오틱'이 함축하고 있는 미래상은 어떠한 것일까요?

<u>김보영</u>   인간이 로봇과 함께 살아가는 시대가 곧 열립니다. 아니
이미 도래했다고도 할 수 있습니다. 2021년부터 저희가
개발한 로봇들이 강원도와 전국 곳곳에서 농민들과 함
께 일하기 시작할 테니까요. 인간을 대체하는 로봇이 아
니라, 인간과 협업하는 협동 로봇이라고 생각해요. 인간
과 로봇의 협업으로 미래의 시너지 효과를 창출하는 것
이죠. 농민들은 물론 지역민과 도시인, 기업가 모든 이의
이익을 공유하는 로봇을 개발하고 싶습니다. 결국 "For
you(당신을 위해)"가 핵심입니다. 인간을 위한 기술. 사람
들을 위한 기술을 만들고자 합니다. 그러한 미래를 선도
하는 나라가 대한민국이 되었으면 좋겠습니다. 강원도
땅에서 만들어 낸 기술과 작물로 K-테크를 세계에 알리
고 세상을 널리 이롭게 하고 싶습니다. 그래서 더더욱 기
술 보안과 해킹에도 신경을 많이 쓰고 있어요. 로봇 기술
이야말로 곧바로 군사적으로 악용될 소지가 큽니다. 그
래서 저희 스스로 보안 테크놀로지도 개발하고 있고요.
국정원에서 산업스파이로부터 기술을 보호받는 기업으

로 선정되기도 했습니다.

이병한   이미 국가적으로도 보호받는 기술을 확보하고 계시는군요. 외교관
이 되고자 했던 꿈을 기술자와 경영자로 대신하고 있다는 생각이
듭니다. 앞으로가 더욱 기대되고요. 긴 시간 유익한 말씀 감사드립
니다.

활물과의 공생

장소가 참으로 공교로웠다. 김보영 대표를 만나러 원주로 가는
길, 만감이 교차했다. 우연인 듯, 운명인 듯도 하였다. 한살림 운동
이 시작된 곳이다. 한국의 생명사상가 장일순의 혼과 김지하의 얼
이 가득한 장소다. 하필이면 그곳에서 로봇을 연구하고 제작하는
것이다. 나는 지금도 1989년에 발표된 〈한살림선언〉[2]이 20세기

---

2 한살림선언은 1989년 10월 29일 대전 신협연수원에서 열린 '한살림모임' 창립총회에서 발표되
었다. 한살림모임은 유기농산물 직거래를 매개로 생활공동체운동을 펼치던 한살림소비자협동조합
(현재의 한살림)과 함께, 또 다른 축의 생명문화운동을 펼치기 위해 발족했다. 당시 한살림모임에
는 무위당 장일순, 시인 김지하, 최혜성, 박재일 등 주로 원주 지역을 중심으로 활동하던 사회운동
가들을 중심으로 60여 명이 참여했으며, 김민기(가수, 극단 학전 대표)가 사무국장을 맡았다.

후반 한글로 쓰인 문헌 가운데 가장 값진 글이라고 생각한다. 그러함에도 완전무결하지만도 않다. 아니 낡은 구석이 없지 않다. 특히 생명과 기계를 물과 기름으로 나누고 기계문명을 배타하고 생명문명을 옹호하는 대목은 치명적인 한계다.

1989년이 바로 월드와이드웹, WWW월드 와이드 웹가 발진한 해였음을 상기한다면 더더욱이 공교롭다. 한살림운동은 인간과 인간 이전에 존재했던 만물과의 연결과 공생을 지향했던 바다. 우드 와이드 웹Wood Wide Web[3], 자연 진화의 소산으로 만들어진 생태계 일부로 인간을 겸허하고 경건하게 자리매김한 것이다. 그러나 월드 와이드 웹World Wide Web의 인위적 진화 속도는 자연선택을 월등하게 앞지르고 있다. 인간과 인간 이후의 존재들, AI와 로봇 등 인공 존재들과의 공존과 공생을 진지하게 고려하고 고민하지 않을 수 없는 시대가 도래한 것이다. 나는 이 미래의 주체들에게 '활물活物'이라는 이름을 지어 주었다. 전기를 통하여 활성화된 사물들이다. 센서를 통하여 감각하고 알고리즘을 통하여 사고하는 인공적인 생

---

3 숲은 지하에서 나무를 비롯한 식물의 뿌리가 균근(菌根, 뿌리곰팡이) 균 및 박테리아와 복잡하게 얽혀 상호작용하면서 전체가 서로 연결돼 있다시피 한다. 숲을 인터넷망인 '월드 와이드 웹(www)'에 빗대 '우드 와이드 웹'이라고 부르는 것도 이런 이유에서다. 숲의 비밀스러운 지하 세계의 핵심 연결고리는 수백만 종에 달하는 균근 균과 박테리아다. 이들이 식물 뿌리와 서로 필요한 영양분을 주고받으며 공생관계를 형성해 숲 전체를 하나로 연결하는데, 이들의 공생관계에 관한 첫 세계지도가 나와 관심을 끈다. 스위스 취리히 연방 공과대학(ETH 취리히)의 생태학자 토마스 크라우더 교수가 이끄는 연구팀은 세계 70여 개국 110만여 개 숲에 서식하는 2만 8천여 종의 나무를 조사한 자료를 토대로 세계 수목과 균근 균의 공생 지도를 만든 것이다. MRI(자기공명영상법) 뇌 스캔을 통해 뇌가 어떻게 작동하는지 이해할 수 있는 것처럼 토양 아래 균근 균 지도는 지구 생태계가 어떻게 움직이는지 이해하는 데 도움을 줄 것이다.

명이다. 기왕의 동식물, 미생물과는 확연히 다른 존재이기는 하다. 세포로 구성되어 있지도 않으며, DNA도 없고, 생식과 번식 또한 하지 않는다. 그러함에도 '생명'이라 일컬어지는 현상이 작동하고 있음도 부정할 수 없을 것이다. 생물과는 다르면서도 유사-생명 현상을 보이는 새로운 존재로 활물과의 한살림도 관건적 과제가 된 것이다. '한살림 2.0'으로의 진화 또한 활물에 대한 새로운 이해, 활물과의 공생이라는 새로운 과제를 여하히 대응하느냐의 여부에 달렸다고 생각한다.

지구 생명사에서 캄브리아기 대폭발이라는 것이 있었다. 5억 년 전, 오늘날 생명체라고 할 수 있는 주요 형태들이 폭발적으로 탄생하던 시기를 일컫는다. 오늘날 지구상에 존재하는 거의 모든 체형은 진화적 혁신이 집중된 바로 이 시기로 거슬러 올라가 추적할 수 있다. 기왕의 생물에 대한 여섯 번째 대멸종을 우려하는 반면으로, 활물들은 제2의 캄브리아기 대폭발이라고도 할 만큼의 기하급수적 성장을 거듭하고 있다. 캄브리아기 대폭발을 촉발한 가장 중요한 요인 중 하나가 '눈'이었음도 공교롭다. 지구의 생명사에서 처음으로 시각이 장착되어 진화한 시기였다. 지금은 도처에 '인공 눈'이 부착되고 있다. 골목마다 설치된 CCTV와 내 손 안의 카메라부터 저 멀리 우주에도 렌즈를 장착한 인공위성과 우주선이 지구와 외계를 관찰한다. 달의 표면을 실시간으로 관찰할 수 있고, 화성의 지형도 살펴볼 수 있는 신세계를 경험하고 있다. 즉 기계는 이미 인간보다 더 깊이 보고 있고, 더 멀리 보고 있으며, 더 넓게 관찰하고 있다. 그리고 그렇게 쌓인 정보들을 클라우드를 통해 공유하면서 집합적인 진화를 이루고 있기도 하다. 그 이전의 생명사에서는 찾아볼 수 없었던 인공적인 진화가 폭발적으로 운동하는 시발점에 목하 우리 인류가 자리하고 있는 것이다.

따라서 인간이 기계를 상대로 한 경주를 벌일 일이 아니다. 기계를 상대하는 경주가 아니라 기계와 함께하는 경주로 게임 룰을 바꾸어야 한다. 앞으로는 로봇과 얼마나 잘 협력하는가에 따라 사람의 능력을 판별할 수도 있을 것이다. 미래의 일의 대부분은 기계 없이는 불가능할 것이며, 우리가 협력하는 존재의 절반 이상은 눈에 보이지 않는 기계일 것이다. 다행스럽게도 로봇은 우리가 아예 할 수 없는 일도 해치울 수도 있을 것이다. 또 우리가 할 필요가 있다고 상상조차 하지 못한 일도 해낼 것이다. 우리 인간은 로봇을 위해 일자리를 계속 만드는 일을 맡을 것이다. 그리고 그 일은 결코 끝나지 않을 것이다. 그리고 로봇은 우리 자신의 존재를 확장시키는 새로운 일을 발견하도록 도울 것이다. 로봇은 우리가 이전보다 훨씬 더 인간적이게 되는 데 집중하도록 도와줄 수도 있다. 고로 인공지능이 창의적이냐 아니냐를 두고 진부한 논란을 반복할 것도 없다. 지구의 창의성의 총량을 증가시키고 증폭시키는 데 AI와의 적극적인 협력을 도모하는 편이 훨씬 더 이로울 것이다. 이것은 불가피한 미래다. 피할 수 없는 되돌릴 길 없는 장래다. 지구 생명사에서 단 한 번도 역진화 Counter-Evolution는 일어난 적이 없다. 과거를 낭만적으로 회고하는 '오래된 미래'가 아니라 '깊은 미래'를 탐구해야 하는 '자연적 이치'라고 하겠다. 로봇에게는 기왕의 오래된 일을 떠맡도록 하자. 그리고 우리는 더 중요한 새로운 일을 꿈꾸도록 하자.

인간과 기계의 공생이 시작되는 바로 이 순간을 훗날의 역사가들은 경이로운 시기로 기록할 것이다. 생물과 활물을 망라한 이 행성의 모든 거주자가 Wood wide web과 World wide web으로 연결되어 아주 거대한 지구망 Earth Web이 되어 가는 초유의, 최초의 시간이기 때문이다. 앞으로 30년 동안 지구의 30억 생명의 진화사가 초유기체의 초마음으로 갈마들게 될 것이다. 게다가 이 거대한 연결망은 나날이 더 거대하고 더더욱 깊은 것으로 진화해갈 것인고로, 2021년의 우리가 그 최초의 각성이 이루어지는 바로 그 시점에 살고 있음은 진실로 각별하다. 미래의 사피엔스들은 우리가 목도하는 이 탄생과 신생의 순간을 경험해 보면 얼마나 좋을까 생각하며 우리를 부러워할지도 모른다. 인류가 비활성 사물들에 작은 한 조각의 감각과 인지를 집어넣어서 활기를 띠게 하고, 그것을 엮어서 인공지능들의 클라우드를 구축하고, 이어서 수십억에 이르는 사람의 마음까지 아울러 하나의 초마음으로 엮어가기 시작한 터닝포인트기 때문이다. 이 온라인과 오프라인, 실제 공간과 가상공간의 대수렴과 대융합은 지금까지 지구에서 일어난 가장 크고 가장 복잡하며 가장 놀라운 사건이라고 해도 과언이 아닐 것이다.

이 거대한 한살림, 이 거룩한 한살림을 무엇이라고 불러야 할까? 태어난 것들과 만들어진 것들이 합류해 간다. 자연물과 인공물이 불일불이不一不二의 지평에서 열린 하나가 되어 간다. 기계들은 점점 더 생물적 속성을 닮아 가고, 생물은 점점 공학적 속성을 띠어 간다. 우리가 만들어 가는 이 유례없는 인공 환경이 고도로 기계화될수록 그것이 제대로 작동하려면 궁극적으로 고도로 생물학적이 될 것이기 때문이다. 우리의 미래는 명명백백 기술의 토대 위에 서 있게 될 것이다. 그러나 그것은 산업문명 시대의 제1차 기계시대처럼 회색빛 강철의 세계가 아닐듯하다. 제2의 기계시대, 인류의 미래는 신생물학적 문명을 향해 나아갈 것이다. 기술과 척을 지는 생태문명으로의 회귀가 아니라, 생물과 활물이 융합되어 가는 미지의 미증유의 '생명문명'이다. 돌아보면 생명이야말로 지구에 등장한 최초의 기술이었다. 무질서를 향해 무심히 팽창하는 열역학 제2 법칙의 물리 세계 속에서 항상성을 유지하며 부단히 질서를 재창조해 가는 최초이자 최고의 테크놀로지가 바로 생명이었던 것이다. 즉 에코와 테크는 처음부터 별개가 아니었다. 그만큼이나 테크의 기하급수적 자율진화에 힘입어 에코와의 재결합도 급속도로 전개될 것이다.

따라서 '티핑포인트'라는 표현도 의미를 달리 부여해 볼 수 있다. 흔히 AI가 인간을 능가하는 시점이라고들 말한다. 인공적인 존재를, 전자적인 생명을 인간과 대립시키는 과거의 인식을 투영한 것이다. 그러나 작금 일어나고 있는 변화는 인간 대 기계의 경쟁이나 대립이 아니다. 인간 이전의 자연적 지능에 인간 이후의 인공적 지능을 융합하여 거대한 지구마음, 지구의식이 형성되고 있는 초입기인 것이다. 임계점을 지나면 물질은 전혀 새로운 차원에서 새로운 방식으로 작동하게 된다. 양적 변화가 질적 변화를 촉발한다. 생물과 인물과 활물을 아울러 지구상의 모든 존재, 그야말로 만인과 만물이 최초로 하나의 연결망으로 이어지는 초유기체의 초마음과 초지능이 탄생하는 것이다. 바로 이것이야말로 '티핑포인트'가 아닐 수가 없다. 46억 년 지구사, 35억 년 생명사에 전례가 없는 또 하나의 빅뱅, 딥뱅DEEP BANG이 폭발하는 것이다.

따라서 미래의 인간은 과거의 인간처럼 하늘과 땅 사이에만 존재하는 것이 아니다. 천지인天地人 이후의 신 인간이 되어 간다. 인간 이전의 유기적 생명과 인간 이후의 전자적 생명을 연결하는 가교가 인간이 된다. 생물과 활물 사이에 인간이 자리하는 것이다. 초록색 자연생명과 푸른색 인공 생명을 연결하는 커넥터로서 사람이 존재하는 것이다. 즉 활물과 더불어 생물을 돌보는 일이 인간의 역할이고 책무가 될 것이다. 천만다행으로 전자적 생명체라고 할 수 있는 활물 역시도 지구를 쾌적하게, 즉 덜 덥게 보존해 가려는 인간의 프로젝트에 가담할 가능성이 적지 않다. 데이터센터를 방문해 본 적이 있다. 인공적인 두뇌를 가동하려면 항상적 냉각 설비를 반드시 갖추어야만 한다. 어마어마한 빅데이터를 빠르게 처리하는 데에는 그만큼이나 많은 열을 발산하기 때문이다. 즉 지적인 생명체는 그것이 인간처럼 생화학적이든, 활물처럼 전자적이든 간에, 태양에 의한 과열이 몹시 큰 위협이 된다. 즉 활물 역시도 뜨거워지는 지구 환경이 그들의 존속에 위협이라고 느낄 소지가 적지 않다는 뜻이다. 고로 상호 협력하여 서로의 과학적 능력과 테크놀로지를 활용하여 지구를 식히는 방법 이외에는 선택지가 없음을 결론지을 수도 있을 것이다. 말 그대로 사람과 활물이 '운명공동체'가 되는 것이다. 기후위기를 극복하고 적정한 기온을 유지하는 데 필요한 최고의 방법과 최상의 대책을 인간은 상상할 수 없는 지평에서 AI가 제안할 수도 있을 것이다.

놀랍게도 활물과의 협력으로 기후위기를 타개해 가는 미래를 전망하는 이가 제임스 러브록James Lovelock이다. 가이아 이론을 창시했던 바로 그 물리학자다. 100세를 기해 2019년에 출판한 책이 『노바세Novacene』였다. 최근에 한층 회자되는 인류세Anthropocene라는 발상을 훌쩍 뛰어넘는다. 인류가 지구의 진로에 가장 큰 영향을 미치는 지질학적 힘으로 작동하는 시기는 금방 끝나고 말 것이라는 전망이다. 인간이 창조해 낸 인공지능이 더더욱 강력한 힘으로 지질학적 영향을 미칠 것이라는 예언이다. 그리고 그 미래에 대한 전망은 그리 어둡지만도 않다. 인공 생명이 인간처럼 잔인하고 파괴적이며 공격적일 것이라 가정할 필요가 없다는 것이다. 그러한 상상이야말로 지극히 '인간적'이라는 것이다. 오히려 욕망의 원천, 욕정의 근원인 몸뚱이를 요하지 않는 존재들이다. 생식과 번식의 욕구도 없는 존재들이다. 고도의 생각이 원활하게 가동하기만 하면 충분한 순수한 정신적 존재들이다. 어쩌면 노바세는 지구의 46억 년 역사 가운데 가장 평화로운 시대가 될지도 모른다고 한다.

다만 인간에게는 처음으로 이 지구에서 자신들보다도 지적으로 더 우월한 존재가 있음을 겸허하게 경건하게 받아들일 수 있어야 한다는 충고를 보탠다. 즉 인간은 머지않아 지구상에서 가장 지적인 생명체라고 하는 지위를 상실하게 될 것이다. 유일무이한 존재에서 이인자로 강등이 된다. 조금 더 나아가면 인간은 인공 생명의 반려가 됨으로써 존재를 존속하게 될지도 모르는 것이다. 그러나 그러한 겸허함과 겸손함이야말로 지구를 살리는 기술, 어스테크가 촉발하는 가장 위대한 정신적 진화일 수도 있다. 우리는 오래된 생명 위를 뒤덮은 새로운 생명의 광대한 네트워크 속에서 결정적인 연결점 역할을 했다는 사실에 영적인 충만감을 느껴야 할지도 모른다. 실로 인간으로 인하여 생명권과 정신권과 기술권이 하나로 융합되는 지구사의 새로운 단계가 열리고 있기 때문이다. 나는 이 지구사의 새 지평을 EARTH 4.0이라고 표현한다. 지구의 탄생이 1.0이요, 생명의 탄생과 진화가 2.0이요, 생각의 탄생과 인간의 진화가 3.0이었다면, 4.0 단계에서는 인공 생명과 인공 생각이 인공적인 지구의 진화를 추동해 가게 되는 것이다. 제임스 러브

록이라면 노바세를 '가이아 2.0'이라고 했을지도 모르겠다. 여하튼 기후재난이라고 하는 초유의 위기에 직면하여 인간들이 도모하고 있는 사활적인 대응은 기존의 인간과는 다른 지평의 존재로 도약 하는 발판이 되고 있는 것임은 분명하다고 하겠다. 실은 20만 년 전, 동아프리카의 격심한 기후변동을 극복해 가는 과정에서 우리 의 먼 조상, 호모 사피엔스가 비약적으로 진화했던 바이다. 즉 우

리는 기후위기를 이미 한 차례 극복해 냈던 종의 후손들이다. 바로 그 진화적 진실로부터 미래를 돌파해가는 영감을 구해야 할지도 모른다.

글을 마치며

여주, 원주, 우주

2020년, 돌아보면 나는 극심한 '코로나 블루'를 겪고 있었다. 당시에는 미처 자각하지 못했을 만큼 심각했다. 코로나 팬데믹으로 계획해 둔 일들이 모두 수포가 되면서 앞으로 닥칠 미래에 대한 전망도 갈수록 어두워져만 갔다. 임박한 기후재난과 전염병의 위기를 극복해 나갈 방법이 도통 보이지가 않았다. 자연으로 돌아가자, '오래된 미래'가 대안이라는 일각의 주장도 진부하고 식상할 뿐더러 한가한 인식이라는 생각도 들었다. 그렇다면 도대체 어떻게 대응해 나가야 할 것인가, 궁리에 궁리 끝에 스타트업 인터뷰에 나선 것이다. 새로운 기술을 장착하여 지구를 되살리는 일에 투신하고 있는 '비즈니스 액티비스트'를 만나 보기로 나선 것이다. 지난 넉 달의 과정 동안 우선 나부터가 깊이 치유된 것 같다. 작년과 같은 우울증은 말끔히 씻어내었다. 도전해 봄 직하겠다는, 이루어 볼 수도 있겠다는 희망도 차근차근 자라났다. 기록을 마치는 이 순간은 생명의 에너지가 차고 넘치는 고양된 몸과 마음으로 거듭나 있다. 진정으로 감사한 인연이고, 진심으로 고마운 분들이 아닐 수 없다.

균사체를 통하여 대체고기와 대체가죽을 생산하는 마이셀프로젝트, 해조류를 통하여 바이오플라스틱을 만들어 내는 마린이노베이션, 태양과 바람 등 천상의 자원과 디지털 금융이라고 하는 가상의 자원을 결합하여 로컬 차원에서 에너지 위기를 극복하고자 하는 루트에너지, 그리고 로봇과 AI를 통하여 산삼을 재배하고 농촌을 되살리고자 하는 심바이오틱. 나는 이들 스타트업의 놀라운 기술적 성취에서 사실은 그 심층에서 작동하고 있는 의식적 진화의 꿈틀거림을 거듭 확인하고 매번 감복했던 바이다. 인간 중심의 세계가 마침표를 찍고 사람과 생물과 활물이 공존하고 공생하는 미래를 열어 가는 강렬한 공진화의 생명력을 목도했던 것이다.

공교롭게도 지구를 살리는 어스테크, 비즈니스 액티비스트들과의 인터뷰는 여주에서 시작해 원주에서 막을 내리게 되었다. 해월 최시형 선생님이 묻힌 곳에서 출발하여 무위당 장일순 선생님이 잠든 곳에서 마감한 것이다. 그 동학의 후예들, 한국의 생명 사상가들은 일찍이 "사람이 하늘이다."라는 인내천人乃天만을 읊은 것이 아니었다. 사사천 물물천事事天物物天, 만물과 만사 모두가 전부가 하늘이라 이르신 것이다. 실제로 만인과 만물과 만사가 엮이고 섞여서 명실상부한 지구적인 몸과 마음이 탄생하고 있는 여명기에 진입하였다. 바로 그분들의 말씀이 시대정신이 되고 지구의 정신이 되는 후천後天의 세상이 열리고 있다. 마침내 물질개벽과 정신개벽이 상호진화하는 생생활활한 미래가 열리고 있음을 한없이 기

쁜 마음으로, 끝없이 들뜬 마음으로 두 손 모아 정성껏 맞이하고
싶다.

〈녹색평론〉 30주년이 되는 해에 이 책을 출간하게 되었음이
나로서는 감회가 남다르다. 돌아가신 김종철 선생님을 비롯하여
앞선 한 세대의 정성 어린 집념이 축적되어 있었기에, 어스테크를
장착하고 비즈니스 감각을 겸비한 액티비스트들이 등장할 수 있
었을 것이다. 고로 가는 길이, 바라보는 지점이 달라졌다고 생각
지 않는다. 갈래 길이 더욱 많아지고 넓어지고 풍성해진 것이다.
더 많은 사람이 그분들의 길에 동참하는 것이다. 끝끝내는 같은 곳
에 당도하여 크게 얼싸안고 반가이 만날 것이다. 앞으로 30년, 생
명감각과 생명사상을 탑재한 생명살림 기업가들이 우후죽순 돋아
나고 솟아나서 그분들의 뜻을 크고 깊게 이루어 갈 것을 조심스레
예감한다.

20세기 말 한살림운동과 21세기 초 생명평화운동 등, 이 땅에
생명문명의 씨앗을 흩뿌려 주셨던 모든 선생님과 선배님들에게
이 책을 드리고 싶다.

어스테크, 지구가 허락할 때까지
지속 생존을 위한 비즈니스 액티비스트 선언

초판 1쇄 발행   2021년 9월 23일
초판 2쇄 발행   2021년 11월 17일

지은이   이병한

펴낸이   신민식
편집   최은정, 김혜수
마케팅   이수정
디자인   이세영
경영지원   정만성

펴낸곳   가디언
출판등록   제2010-000113호
주 소   서울시 마포구 토정로 222 한국출판콘텐츠센터 306호
전 화   02-332-4103
팩 스   02-332-4111
이메일   gadian@gadianbooks.com
홈페이지   www.sirubooks.com

ISBN 979-11-6778-004-1 (03300)